理财系列丛书

金融理财合同研究

尚文彦　著

中国金融出版社

策划编辑：王杰华
责任编辑：戴早红
责任校对：张志文
责任印制：尹小平

图书在版编目（CIP）数据

金融理财合同研究（Jinrong Licai Hetong Yanjiu）/尚文彦著. —北京：中国金融出版社，2009. 2
（理财系列丛书）
ISBN 978-7-5049-4886-1

Ⅰ. 金…　Ⅱ. 尚…　Ⅲ. 金融研究—经济合同—研究—中国
Ⅳ. D923. 64

中国版本图书馆 CIP 数据核字（2008）第 187962 号

出版发行　中国金融出版社
社址　北京市广安门外小红庙南里 3 号
市场开发部　(010)63272190，66070804（传真）
网上书店　http://www.chinafph.com
(010)63286832，63365686（传真）
读者服务部　(010)66070833，82672183
邮编　100055
经销　新华书店
印刷　北京华正印刷有限公司
装订　东兴装订厂
尺寸　170 毫米×228 毫米
印张　10. 25
字数　167 千
版次　2009 年 2 月第 1 版
印次　2009 年 2 月第 1 次印刷
印数　1—3090
定价　22. 00 元
ISBN 978-7-5049-4886-1/F. 4446

前言

近年来随着我国居民收入的不断增长，金融理财逐渐成为一个热门的经济现象，但是学术界对于该领域的深入研究并不多。金融理财制度的发展，一方面受国家宏观经济形势的影响，另一方面也受制于一个国家的金融监管制度，同时还具有很强的实践性，因此，对于这一制度的深入研究，需要研究者具有经济学、金融学和法学的专业知识，同时还要有一定的金融行业工作经验，才能够较好地把握金融理财制度的实质内涵和发展脉络。

民商法是以解决实际问题为目的的法律，不解决实际问题的法律并无太大意义。同时，由于法律相对于经济发展具有一定的滞后性，因此法律条文一定要随着经济的发展加以更新，不能束缚经济的发展，这就要求民商法的研究者要对经济社会发展具有相当的敏感性。因此，我一直希望我的学生能够具有一定的经济学专业知识，能够研究法学和经济学交叉领域的学术问题。

尚文彦的这部著作就是将法学与经济学的研究有机结合在一起的有益尝试，作者具有一定的经济学专业知识和金融实务工作经验，因此能够较好地驾驭这样一个选题。综观全书，具有以下突出特点：

第一，书中以合同这样的一个法律概念为切入点，研究了一个传统意义上的金融课题，拓展了法学研究的空间。借用合同视角深入剖析一项金融制度的核心，是很有挑战性的工作。作者分析了大量的资料，特别是逐条分析了实务中存在的各类金融理财合同的文本，并加以归纳总结，提出了自己的观点，在理论方面有所突破。特别是合理界定了金融理财合同的三种结构类型——金融机构单独管理结构、二元管理结构、客户直接管理结构，同时以风险负担为标准将金融理财合同区分为：风险转移型、风险分（共）担型和风险自担型三类，并分别详细讨论了其各自的权利义务配置，这些研究，从微观层面厘清了金融理财合同法律关系，为金融理财合同的立法与司法实践提供了新思路，很有创见。

第二，在方法论上，本书不同于许多传统法学著作，将实证和规范分析法相结合，以实证的视角研究了金融理财合同的基本结构、权利义务的配置、信息披露、金融理财合同的效力等问题，很有新意。同时，书中还应用了大量现代金融学理论知识，阐述了在分业经营和混业经营的金融环境下，金融理财合同在银行、证券、信托、基金等金融行业中的定位以及未来发展的走向，突出了交叉学科的研究方法。

金融理财问题属于现代市场经济中的一个微观领域，作者能够洞察到这一问题的核心价值，提出许多创新观点和立法建议，其中许多观点颇具价值。当然，本书还存在较大的提升空间，但它毕竟凝结了作者大量的心血，作为老师，在本书出版之际，十分为他高兴，并希望他能够继续刻苦钻研，不断进步，能够有更多的学术成果问世。

张新宝

2009 年 2 月

目 录

导 论

0.1 研究的背景和主要目的

党的十七大报告中首次提出："创造条件让更多群众拥有财产性收入。"这表明了我们党强调要通过制定各种政策、法律、法规等手段，尽量为老百姓创造各种机会和条件，来增加老百姓的财产性收入。在现代社会，财产都表现为某种权利，这种权利能否得到充分有效的保障，决定着这种财产能不能真正为老百姓所享有，能不能鼓励老百姓继续创造财富。

群众的财产包括其拥有的所有动产和不动产。其中动产包括储蓄存款、有价证券、保险单等，不动产包括房屋、土地、车辆、价值收藏品等。因而群众的财产性收入可以来源于其所拥有的动产和不动产的价值增值，既包括出让财产使用权所获得的利息租金、专利收入，也包括出售财产所有权所获得的价值增值所得。除此之外，还包含通过财产营运所获得的红利收入、财产增值收益等，涵盖各种实业投资、金融投资所获得的收益。目前市场上较普遍的理财表现形式，如银行存款、证券投资和保险投资等，整体上都与金融行业密切相关。随着金融机构理财业务的不断发展，群众通过金融投资获得财产性收入的机会大大增加。因此，财产性收入的保障，除了通过《中华人民共和国物权法》来保障公民所享有的各种物权，建立一套恒产恒心的法律制度外，还需要通过金融法与合同法等相关法规对金融理财中的财产性收入问题在法律上加以确认和规制。

在传统的计划经济条件下，尽管城镇居民的可支配收入较低，却相当稳定，同时享受几乎无所不包的福利制度，所以理财是一个缺乏现实金融需求的金融服务。随着 1992 年以后中国市场经济方向的确立，以及就业、住房、医疗、教育、社会保障等多项改革的推进，居民财富迅速增长和积累，使中国城镇居民的资产投资行为呈现出许多计划经济时代所没有的特征，其中最典型的特点是对代表未来消费的金融资产的偏好。由于名义储蓄利率的一再走低，居民储蓄的增长速度有所下降，但对理财市场的需求上升，这部分原本用于储蓄的资金开始在市场中寻找新的投资产品，以获取更高的投资收益，传统的以银行储蓄为绝对主体的居民理财格局开始出现变动。当居民可支配收入和金融资产达到一定的临界值之后，将会对居民持有的资产组合在安全性、收益性和流动性方面提出更高的要求，以储蓄为主的单一财富结构已经不能满足居民日益丰富的理财需求，财富结构的多元化势在必行。2006年可以说正是这一转型期的开端，2005 年我国人均 GDP 已经达到 1 700 美元，储蓄率在 40% 以上，在每年新增金融资产的数量上与美欧等低储蓄率国家人均 GDP 达到 10 000 美元的等效，而 10 000 美元正是发达国家理财市场“起飞”的临界点。同时中国居民财富结构转型的征兆已经显现，股民和基民的开户数量屡创新高，居民投资股票和基金的愿望也前所未有的强烈，传统的储蓄资产开始出现松动，活期存款增多，定期存款减少，逐步分流进入基金和股票市场，在当前中国经济高速增长、居民财富快速增加的宏观背景之下，这一趋势一旦启动将难以逆转。

但是现阶段我国金融理财市场还存在如下缺陷：（1）在法制环境方面，我国还没有金融理财业务的统一规范，监管呈现各自为政的态势；理财市场的配套法制设施还不完善；金融理财合同的法律关系也有待理顺。（2）在市场监管方面，我国对理财市场缺乏统一规范的监管，理财业务的混业性质与金融机构的分业监管存在矛盾，同时也缺乏有效的自律监管机制。（3）在各个金融机构经营理财业务的过程中，存在着当事人之间风险承担、理财资产的独立性、管理费用的确定以及各个金融机构之间产品同质化趋势明显、理财创新能力不足等问题。金融理财合同的签订作为居民理财过程中必须应对的一个环节，其相关知识把握得好坏，对居民理财活动至关重要，因此我们有必要对金融理财合同作较为深入的探讨，对合同条款作较为细致的分析，并对我国金融理财市场的运行机制进行一定的研究。另外，随着我国金融监管体制的变革，如何促进金融理财业务与金融监管制度相协调，以及相关的指引性合同条款应该如何拟定，国家立法应该如何规定，同样成为我们需要研究的课题。

0.2 研究的意义与创新之处

本书的理论意义在于：首先，书中对金融理财合同作了较为一般的探讨，通过与部分有名合同的比较，讨论了金融理财法律关系的性质，并对如何规制该类合同提出了立法建议。其次，本书结合现代金融学理论知识，将金融理财合同放在整个金融环境的背景下进行探讨，分别阐述了在分业经营和混业经营的金融环境下，金融理财合同在银行、证券、信托、基金等金融行业中的定位以及未来发展的走向。最后，本书采用实证研究和规范分析相结合的方法，探讨了金融理财合同的基本结构、权利义务的配置、信息披露、合同的效力等现实中与金融理财合同相关的主要问题，希望能达到定纷止争的目的。

本书的实践意义在于：随着中国金融业改革发展和对外开放程度的不断提高，国内银行业、证券业、保险业、信托业等金融行业相互渗透，一些跨市场、跨行业的交叉性金融业务得到了较快的发展，理财业务是当前跨行业交叉性金融业务中最活跃的业务类型。但是，由于理财服务的提供者涵盖了银行、信托公司、基金公司、证券公司、保险公司等各类金融机构，而上述金融机构又分别由不同的机构监管，这就形成了金融理财领域法律混乱、政出多门的局面，随着金融理财业务的日渐增加，由此产生的法律纠纷不断出现，法律制度的建设已大大落后于金融理财的实践，引起了社会各界尤其是监管部门的关注。本书针对金融理财合同业务，为国家相关立法、执法以及审判实践提供了较为可靠的依据与切实可行的参考，同时本书从实证的视角，以合同本身的内容为出发点，对金融理财合同作了较为全面的分析，以期为国家相关立法、行政执法、审判实践以及金融理财合同格式条款的拟定与修改提供一些帮助。

从对金融理财合同的研究现状来看，目前无论是学界还是业界都对金融理财的合理性和合法性问题、金融理财的主体资格问题、金融理财纠纷的预防与解决机制问题、金融理财行为的法律性质问题、金融理财合同的结构与权利义务配置问题、我国现行金融监管体制对金融理财纠纷的预防作用、人民法院审理金融理财纠纷的法律适用等诸多法律问题存有较大的争议，未得出一个权威、统一的结论，而且迄今已有的一些关于此问题的分析文章也比较零散、片面，缺乏系统、深入的研究。特别是对该类合同中某项具体问题的研究一般缺乏理论深度，缺少全局视野；或者虽对该类合同中当事人的权利义务关系作了整体性的探讨，但缺乏细致、全面的分析，对合同当事人的保护、当事人的利益平衡、合同条款的拟定均没有形成系统化的解决方案。

本书的特色与创新之处在于：（1）在内容上对金融理财合同作一般性、整体性探讨，在金融混业经营的背景下，结合各个金融行业的特点，给出了金融理财合同的定义，并讨论了其性质特点，在一定程度上弥补了国内对该类合同理论研究的空白；（2）对金融理财合同所涉及的问题作了较为全面、系统的论述，不但评论金融理财服务中的各种问题，而且深入探析这些问题背后的原因，并在此基础上比较和借鉴国外较为成熟的做法，针对上述问题提出较为合理的解决方法。特别是合理界定了金融理财合同的三种结构类型——金融机构单独管理结构、二元管理结构、客户直接管理结构，并以风险负担为标准将金融理财合同区分为风险转移型、风险分（共）担型和风险自担型三类，分别详细讨论了其各自的权利义务配置，这些研究从微观层面厘清了金融理财合同的法律关系，为金融理财合同的立法与司法实践提供了新思路，在国内尚属首次。

在方法使用上，本书采用了逻辑方法与历史方法相结合的方式，坚持宏观分析和微观分析相结合，实证分析和规范分析相结合。理论研究部分主要采用的是逻辑研究方法，逻辑过程本身要求在所考察的范畴内紧紧抓住决定性的因素，因此本书首先分析金融理财合同的概念和性质问题，接着从现实中抽象出金融理财合同当事人的权利义务配置，对于金融理财合同的特征和运行机制进行考察，最后逐渐回归现实，再将这一分析思路还原到我国金融理财市场之中。同时，本书又运用了历史分析法，考察了我国金融理财市场的发展历程，揭示了影响金融理财市场发展的历史的和现实的原因，并进而引出对其进一步改革的可选思路的讨论。本书研究探讨的目的在于寻求提高中国金融理财市场运行效率的思路和措施，具体从金融理财合同这个微观分析入手，这种宏观与微观相结合的方法，将更有说服力。在分析中又运用了实证与规范相结合的方法。首先从实证的角度分析了金融理财合同的具体权利义务配置、信息披露、合同效力等问题，然后再从规范的角度提出提高我国金融理财市场运行效率的立法建议。

0.3 研究的主要内容

从总体上而言，本书可以分成四大部分：

第一部分简单介绍金融理财合同的概念、性质、分类、利益主体、结构等一些基本内容，为下文的展开论述提供基础；第二部分论述了金融理财合同的基本法律关系，主要从实证角度讨论了金融理财合同中的权利义务配置；第三部分主要论述金融理财合同中的信息披露制度和金融理财合同的效力问题，并对这些制度的理论基础展开探讨；第四部分为本书的结论部分，主要论述金融理财合同在我国金融监管环境中的发展趋势，并对相关合同条款提出指引性立法建议。

具体来说，本书的四大部分一共分为6章内容：

第1章为金融理财合同概述。主要介绍金融理财与金融理财合同的概念，金融理财合同的性质、分类，我国关于金融理财合同的立法，为后文的展开论述奠定逻辑基础。

第2章介绍的是金融理财合同中的利益主体与结构。分别论述了目前金融理财合同中资产管理人、委托人、资产托管人、受益人四类利益主体的特点，既而从利益主体出发，重点阐述了金融理财合同的结构类型，将金融理财合同分为单独管理结构、二元管理结构和客户直接管理结构三种结构类型，并结合具体金融理财合同讨论了三种结构类型的不同特质。

第3章分析的是金融理财合同的基本法律关系。通过分析影响金融理财合同权利义务配置的基本要素，指出金融理财合同从金融学的角度来讲就是一种风险管理工具，而金融理财合同的不同风险负担类型对于其权利义务配置会产生重大影响。进而以风险转移型、风险分担型、风险自担型三类理财合同作为研究标的，具体剖析各类合同中当事人的权利义务配置，并从中总结出目前的金融理财合同在当事人权利与义务设定方面的特点和不足，为结论部分的立法建议提供逻辑前提。

第4章分析的是金融理财合同中的信息披露制度。重点分析了金融理财合同中信息披露制度的理论基础，指出金融理财合同的委托—代理风险来源于三个方面：一是投资者与理财管理人之间的信息不对称；二是理财合同结构中因理财管理人与投资者等相关利益主体的行为目标不同而产生的利益冲突；三是理财合同的不完全性。正是由于金融理财合同中的委托—代理风险，进而产生了逆向选择、道德风险等问题。在此基础上，着重讨论了金融机构缔约前的信息披露义务和合同履行中的持续信息披露义务，并结合具体合同条款分析了信息披露义务的法律特点。

第5章探讨的是金融理财合同效力判断中的几个特殊问题。首先，针对实践中出现的问题，通过对金融管制规则的规范属性和功能加以分析，讨论了风险提示欠缺、管理人不具备理财业务资格以及未经审批的理财产品（计划）、委托人资产来源非法等情形下金融理财合同的效力。其次，对于争议颇多的保底条款的效力判断问题，根据对各类规范性文件的分析，指出了不同类型金融机构在金融监管体系中对保底条款的接纳程度是不同的，应当分别作出判断。

第6章为结论。针对前文的分析得出结论，主要论述了对于金融理财合同进行法律规制应注意的问题，并对相关合同条款提出指引性立法建议。

第1章

金融理财合同概述

1.1 理财与金融理财

1.1.1 理财

1. 理财的概念

广义上的“理财”是一个内涵比较简单、外延比较宽泛的经济概念，其实质是“受人之托，代人理财”，泛指一切由投资者将自有资产委托给资产管理者，并由资产管理者凭借其专业技能实现投资者资产保值增值的资产经营模式。广义理财的特点可以概括为“四广”：一是投资者范围广，包括一切拥有闲置资产，并希冀该资产保值增值的法人、非法人团体和自然人。二是资产管理者范围广，泛指一切具备一定的理财专业技能，有能力实现投资者资产保值增值的机构和个人，当然在我国其必须具备法律规定的缔结民事合同所必需的民事行为能力。信托投资公司、保险公司、证券公司、期货公司等专业理财机构及其他机构和个人都可纳入该范畴。三是资产范围广，其范畴包括资金、有价证券等动产、不动产和无形资产，只需在自然属性上满足易于流转，法律上不被禁止即可。四是委托资金投向广，包括货币市场、资本市场和产业市场等。

2. 理财的历史发展

广义理财在我国存在已久，根据史书的记载，最早的理财行为可上溯到汉代。当时的列侯封君出征沙场，所需的货币可从长安有钱人家获得贷款。在《周礼》中就有“泉府”的记载，它是向人们办理赊贷业务的机构；[①] 隋

① 张光华：《中国金融体系》（第1版），87页，北京，中国金融出版社，1997。

唐之际，官府有专门用于放债和经营商业活动的本钱，叫“公廨本钱”，其收益就是官俸的来源；清朝以钱庄、票号、银号为代表的民间资本市场也体现了广义委托理财在当时的兴盛，山西票号的影响力至今犹存，以至于西方人将“票号”称为“Shanxi Bank”；至近代，新中国成立，到20世纪90年代初委托理财在我国资本市场上的滥觞，应该说“理财”在我国历史悠久、源远流长。

国际上，广义理财的历史也甚为久远，据记载，国际上最早开始办理信托业务的机构是美国1828年核准许可经营的“马萨诸塞慈善人寿保险公司”；1886年，英国第一家信托公司“伦敦受托遗嘱执行和证券保险公司”成立。经过上百年的发展，国外投资理财业务已经相对较为成熟，尤其在第二次世界大战之后，世界各国经济发展迅速，新兴技术在金融领域的广泛应用，使得“理财”在银行、证券等金融行业开始大展拳脚。随着企业的发展，尤其是股份公司的出现、金融工具的创新，理财成为企业以及金融机构在互动发展进程中出现的业务需求。①

1.1.2 金融理财

1. 金融理财在本书中的界定

金融理财并不是严格意义上的法律概念，而只是金融业中的一个用语，在更多的场合将其称为“委托理财”，或者从汉语被动的角度称为“受托理财”。本书从狭义角度理解，将理财限定于金融理财的范畴内，原因有：(1)从全球理财市场的发展轨迹观察，从事理财业务的一般都是专业的经过金融监管机构审批成立的金融机构，其优势在于：一是能够发挥专业机构和专家团队的理财优势；二是能更好地融资并获取收益；三是有利于监管机构进行监管，更好地规避风险。因此，由金融机构从事理财业务就成为主流理财市场的一个必然趋势。②（2）从金融理财产品的投资方向考虑，全球的理财资金都是以股票、债券、基金、期货、信托产品和其他金融衍生品等金融市场产品为主要投资方向的。无论从受托主体的专业性角度，还是从理财资金的

---

① H. G. Reuschlein and W. A. Gregory, “The Law of Agency and Partnership”, West Publishing Co., 1990.

② ［美］道格拉斯·R. 爱默瑞：《公司财务管理》（上），218页，北京，中国人民大学出版社，2000。

投资方向角度，主流的理财方式都是指市场上比较常见的基金、银行理财、券商理财、信托理财、保险理财等，统称为“金融理财”，其他如“私募基金”等民间的非金融机构理财方式，不在本书讨论范围之列。

2. 金融理财的概念

目前而言，我国金融市场基本上还是实行分业经营、分业监管的体制，因此尚无行政机关及其监管法规跳出行业局限，对金融理财作统一概括的界定。中国银监会于 2005 年 9 月颁布的《商业银行个人理财业务管理暂行办法》，第一次在规范性文件中出现“理财”术语，并且就“个人理财”下了定义：“本办法所称个人理财业务，是指商业银行为个人客户提供的财务分析、财务规划、投资顾问、资产管理等专业化服务活动。”实际上，这一定义是对商业银行个人理财业务的性质、范围和内容的界定，并没有完全反映金融理财的内涵。

中国金融理财标准委员会将个人理财服务称为金融理财，认为金融理财是一种综合金融服务，是指专业理财人士收集客户家庭状况、财务状况和生涯目标等资料，明确客户的理财目标和风险属性，分析和评估客户的财务状况，为客户量身定制合适的理财方案并及时执行、监控和调整，最终满足客户人生不同阶段的财务需求，使其最终实现人生在财务上的自由、自主和自在。[①] 这个定义具有一定的系统性和科学性，但是仅仅从个人理财规划的角度来考量金融理财，而将机构理财客户排除在外，显然过于局限。

结合前述几种定义，本书认为，金融理财是指客户（委托人）将资金或证券等金融性资产交付给依法从事金融理财业务的金融机构（资产管理者），由金融机构根据客户的理财目标和风险属性，设计出适合的理财方案，与客户签订金融理财合同，约定在一定期限内由受托金融机构管理金融性资产，将其投资于证券等金融市场，并按期支付给委托人一定比例收益的资产管理活动。上述定义的主要特点为：（1）综合性。金融理财是综合性金融服务，而不仅仅是金融产品的设计或销售，是一个综合性的过程，而不仅仅是一个产品。（2）专业性。金融理财是由专业的机构派出专业的人员在专业金融市场获取收益的活动，而不是客户自己进行理财活动。（3）规范性。金融理财由受托金融机构在法律框架下规范进行，其产品设计、信息披露、资产管

① 中国金融教育发展基金会金融理财标准委员会：《金融理财原理》，5 页，北京，中信出版社，2007。

理、利益分配、违约责任等都在金融理财合同中有严格规定，并受有关监管机构监督。

1.1.3 中国的金融理财市场

1. 中国金融理财市场的发展回顾

任何一个市场的发展变化，都是产品供需双方变化的结果，金融理财市场也不例外。居民财富的不断增长形成了对理财产品的需求，行业竞争的日趋激烈和金融监管的放松则刺激了金融机构的业务创新，形成理财产品的供给。纵观西方国家理财市场的发展历程，经济的发展和金融监管的放松贯穿其中，每一次理财市场的重大突破都是在这两种不可或缺的力量推动之下完成的。从这两方面推动因素的发展变化入手，大致可以将中国的金融理财市场划分为三个阶段：

（1）萌芽阶段（1997~2001年）。这一阶段的理财产品市场最主要的突破来自于基金行业，作为国内理财市场的最先开端，当时证券投资基金的引入被赋予多种责任，既希望其能满足国内居民理财需求，达到拓宽居民投资渠道的目的，也希望通过发展基金来快速壮大国内的机构投资者队伍。

除了基金之外，这一阶段获得较大突破的还有投资连结保险。在立法允许保险公司可以通过投资基金间接进入证券市场之后，市场反应热烈。这期间，中国保监会也在积极应对产品创新，于2000年2月颁布《投资连结保险管理暂行办法》，2001年8月发布《关于购买人身保险新产品有关注意事项的公告》，在同年12月发布了《人身保险新产品信息披露管理暂行办法》，并针对投资连结保险销售过程中出现的问题开始进行整顿。

至于证券公司，其委托理财业务开始得比较早，在股票市场设立之初就出现了萌芽，并且得到了迅速发展，2001年，有15%的上市公司都涉足委托理财业务，金额高达219亿元，而那些非上市公司的资金规模则难以统计，但是这一阶段的委托理财业务绝大部分来自于金额巨大的企业客户，仅有少量富有的个人将资金投入其中，而且很难为外界获知。

对于信托公司行业而言，其在这一阶段正处于整顿期间，2001年之后，我国相继出台了《中华人民共和国信托法》（以下简称《信托法》）、《信托投资公司管理办法》、《信托投资公司资金信托管理暂行办法》，对信托行业的监管框架进行了重构。

这期间，也有一些银行尝试开展个人理财业务，如1996年，中信实业银行广州分行率先成立了私人银行部，但是从总体上看，银行理财业务并没有大面积开展。

这一阶段的国内理财市场还处于萌芽阶段，一边是居民对理财产品的需求尚未形成；另一边是金融机构自身进行金融创新开发理财产品的动力不足，且当时的金融监管制度改革也刚刚起步。

（2）探索创新阶段（2002~2005年）。在证券行业，2002年前后，部分券商如长江证券、国信证券、招商证券等在资产管理业务创新方面开展了积极的尝试，推出了一些理财计划，但是由于部分券商违规现象屡禁不止，证券监管机构于2003年4月紧急叫停了券商的集合理财计划，此后在2004年10月21日，中国证监会发布了《关于证券公司开展集合资产管理业务有关问题的通知》，对证券公司设立集合资产管理计划、开展集合资产管理业务的具体操作及监管事宜进行详细说明，以此来规范券商集合理财业务。随后，多家具有创新试点资格的券商积极推出了集合理财产品的方案，券商理财产品在经过2年的市场整顿之后，重新焕发了生机。

在保险行业，由于投资市场整体疲软，保险投资回报率低，降低了投保人对这类产品的投资热情，整个市场一度陷入停滞。鉴于当时的市场状况，中国保监会提出了保险业要“加快发展、做大做强”的发展方向，改进监管方式，鼓励保险公司的产品创新和业务拓展，同时出台一系列监管措施，为产品创新营造了更规范的环境。

2002年刚刚完成整顿的信托行业在这一阶段充分显示了强大的生命力和创造力，经过2年多的发展，融资额从最初的49.3亿元增长到2005年的461亿元，新开发产品也从22个跃升至2005年的446个，融资额和信托产品数量的年平均增长率高达75%和112%。由于中国银监会对信托业赋予的产品开发备案制度大大降低了信托业产品创新的成本，信托产品很快就从开业之初的3个种类拓展到12个种类，证券投资信托、受益权信托和债权信托等迎合市场需求的创新产品的出现，改变了当初以贷款信托为主的状况，投资方向也从房地产和基础设施分散到其他行业和市场。

基金业在经历了“基金黑幕”事件后，开始大力发展开放式基金。这一阶段的主要变化不仅在于产品的创新，而且体现为整个基金行业的管理及经营理念的不断飞跃。基金公司的内部管理由封闭式转为开放式，这对公司内部的资源整合、对市场的把握都提出了新的要求和挑战。2004年6月1日施行的《中华人民共和国证券投资基金法》（以下简称《证券投资基金法》）是建立在《证券投资基金管理暂行办法》的基础之上的，它的出台一方面对基金的管理人、基金的托管人和基金公司的股东都提出了更加规范、更加严格的要求，强调对投资人的合法权利的保护；另一方面，也弥补了《证券投资基金管理暂行办法》存在的法律漏洞，形成了更为完善的监管制度。

总的来说，这一阶段的金融业改革快速推进，原有的对业务的严格管制已经被逐步打破，各领域的市场竞争日趋激烈，各类金融机构进行产品和业务创新的动力大大增强，为理财市场的发展和壮大提供了基本的推动力。但是，由于缺乏相关的制度规范，对于理财市场的产品创新，各家机构经常是一哄而上，违规操作、恶性竞争的现象时有发生，监管机构不得不一次次叫停，再出台相应的监管法规以弥补制度缺陷，因而这一阶段理财市场的发展路径可以归纳为：创新——混乱——整顿——规范发展。

（3）快速发展阶段（2006 年至今）。与上一阶段相比，从 2006 年开始，我国理财产品市场与国内资本市场及其他金融市场的关联性大幅增强，受到国内 A 股市场复苏并持续走强的影响，理财市场的产品结构发生了巨大的变化。

得益于股票市场的良好表现，主要投资于股票市场的基金、券商集合理财产品和证券投资信托产品在 2006～2007 年获得了前所未有的发展机遇，在财富效应的带动下，实现了规模的空前扩张。

与之相比，券商集合理财产品由于起步较晚，在规模、管理、人才储备等方面相比基金公司来说，还并不具有明显的竞争优势。

证券投资信托产品的发行数量大增，成为名副其实的信托理财“热点”。其在运作方式上也不断出新，如专打新股、机构化安排、与私募基金公司合作等，不仅提高了产品的安全性，也给不同风险偏好的投资者以更多的选择。

对银行系理财产品而言，资本市场的向好并不是一个“利好”消息。2006 年上半年，中国 A 股市场刚刚有所启动时，本外币理财产品销售情况良好，即使收益率低，投资者还是争先恐后地购买。2006 年下半年，市场风向急速转变，整个股票板块的飙红，直接导致本外币理财产品销售量的下滑和营销难度的增大。

由于保险公司加大了直接投资股票的资金的比例，在股票市场屡创新高和保险公司资金运用能力不断提高的双重带动下，投资连结险、万能险和分红险的投资收益率也比往年有了大幅提高，重新获得了投资者的认同。

经过了萌芽和规范发展阶段的金融理财市场，在产品设计、发行，机构的经营和运作等方面都具备了比较完善的规范制度，金融市场的走势变化对理财市场中不同产品的影响开始突显，整个理财市场在2006年A股市场快速复苏并走强的财富效应冲击下，结构发生了巨大的变化：各类产品内部开始出现分化，投资于不同市场的理财产品的市场反应差异明显，与股票市场相关的偏股型基金、券商集合理财产品、证券投资信托、保险理财产品和股票挂钩型人民币理财产品受到投资者的热烈追捧，这些产品具有不同的风险收益特征，适合不同风险承受能力的投资者参与。而债券市场和货币市场则表现相对平稳，造成了偏债型基金、固定收益型人民币理财产品的市场萎缩。人民币汇率的一路走高令外汇理财产品和合格境内机构投资者（QDII）产品的市场吸引力下降。[①]

2. 中国金融理财市场的发展趋势展望

尽管中国的金融理财业还处在新生阶段，却已经颇具规模且前景非常广阔。目前，中国（大陆）是亚洲地区（除日本之外）的第二大市场，其富有客户拥有大约1.44万亿美元的管理资产。波士顿咨询公司（BCG）预计，中国富有人士的年均资产在未来几年将以年均13%的比例增长，到2009年，中国（大陆）的管理资产将增长到3.63万亿美元，而整个大中国市场的管理资金将在2009年超过5万亿美元。理财业务将是未来中国市场上最具成长性的业务。[②] 未来中国理财市场的发展将呈现以下趋势：

（1）中国金融理财市场的发展进入黄金10年。首先，由于未来10年中国宏观经济仍将保持快速发展，并将带动居民金融资产持续增长，这就为理财市场的发展奠定了坚实的基础。其次，人口红利带来的理财溢价，以及居民金融资产结构的调整，促使投资多元化需求增加，为金融理财市场的快速发展提供了新的契机。最后，未来几年国内各类金融机构都将面临业务结构的重大调整，其中共同的趋势是资产管理业务将在业务结构中占有越来越重要的地位。居民资产管理需求的增加促进了金融机构业务结构的调整，反过来金融机构业务结构的调整也更好地满足了客户资产管理需求的增加与变化，两方面的变化共同促进了中国理财市场的良性快速发展。

---

① 国务院发展研究中心：《2007年中国金融理财市场发展报告》，10~11页。

② 波士顿咨询公司（BCG）：《2006年全球财富报告》，18页。

（2）金融理财市场将成为各类金融机构竞争的焦点领域。金融理财市场之所以能成为各类金融机构竞争的焦点领域，一个重要的原因是其能够参与这个领域的金融机构最多，由于不同类型的金融机构、内外资金融机构开展理财业务各具优势，因此竞争也最为激烈。理财业务对各类金融机构的风险管理能力、创新能力、绩效考核能力、营销能力等都提出了很高的要求，因此可以说，未来金融理财市场的发展过程也是各类金融机构综合竞争能力比拼的过程。

（3）法律与监管将成为推动金融理财市场健康发展的关键因素。在目前分业经营的条件下，应在坚持不同金融机构分业经营的同时，尽量统一理财业务的从业标准，使各类金融机构在大体平等的条件下竞争。目前，我国对各类金融理财产品并没有具体的规范，所以应该统一制定专门的法规予以规范。

金融监管部门有必要联合制定理财业务的统一规范，如金融机构理财业务规范、金融理财合同指引等规章，统一各监管机构的监管标准。由于不同金融机构委托理财业务的功能相似但监管标准不一，在给消费者带来更多理财选择的同时，也会引发消费者竞争条件的不平等。因此，理财业务应统一对消费者理财服务的标准。应在诸如市场准入、投资回报与风险承担、信息披露、消费者信用隐私权保护等涉及消费者权益保护的共性方面，制定统一的监管规则。

机构性监管和功能性监管是金融监管体制范畴中的一对概念。机构性监管是指按照金融机构的类型来设立监管机构，不同监管机构分别管理各自的金融机构，特定类别的监管主体无权干预其他类别的机构。功能性监管则是指按照金融业务的类型来设立监管机构，对某一特定的金融活动由同一监管主体进行监管，而不管这类活动由何人从事。功能性监管的优点在于可以克服由多个监管机构所造成的重复和交叉管理，用统一的尺度来管理各类金融机构，创造公平竞争的市场环境。

中国目前的金融理财业务监管的范围较为广泛，涉及银行、信托、证券、基金以及保险等行业的监管，监管主体包括中国人民银行、中国银监会、中国证监会、中国保监会等金融主管机构，各监管机构必须建立协调机制。为营造中国理财市场公平竞争的格局，首先应按照金融功能观点，由中国人民银行、中国银监会、中国证监会、中国保监会和国家外汇管理局成立一个协调监管机构，统一理财市场的监管规则和标准，避免不同类型的金融机构从事理财业务归不同的监管部门监管，其次是建立和完善资本充足率、监管者的监督检查和市场约束相辅相成的监管体系，使各利益相关者作出激励相容的正向选择，从而达到多赢的结局。

1.2 金融理财合同

1.2.1 金融理财合同的概念

如前所述，囿于我国目前的金融市场现状，金融理财合同往往以银行个人理财合同、基金合同、信托合同、证券公司集合资产管理合同、保险合同等形式存在，基本上没有权威、统一、规范的定义。

江苏省高级人民法院在其发布的《江苏省高级人民法院关于审理委托理财合同纠纷案件若干问题的通知》中，将证券市场委托理财合同定义为：委托人和受托人约定，委托人将其资金、证券等金融性资产委托给受托人，受托人在证券市场从事投资、经营活动并承诺到期不论盈亏均向委托人返还本金、支付固定回报或者除支付固定回报外对超额收益按比例分成为主要特征的合同。①

最高人民法院为了审理委托理财案件而紧急筹备制定的司法解释——《关于审理委托理财合同纠纷案件的若干规定》草稿第二稿中规定：委托理财合同，是指客户将其资金交付给管理人并由后者将该资金投资于证券、期货等交易市场或以其他金融形式进行管理，所获利益由双方按照约定进行分配或者由管理人收取管理费的合同。最高人民法院规定用“客户”和“管理人”取代了“委托人”和“受托人”，使这一概念更富有弹性，有利于实践操作，该定义中使用了“交付给”的方式避免了对委托理财性质的限定，比较巧妙地回避了对委托理财性质的争论。从资金投向来看，该定义中指出的是投资于证券、期货等交易市场或以其他金融形式进行管理，这也比较贴合金融理财的内涵。但该文件主要针对的是证券市场上出现的大量违规委托理财案件，并没有对整个金融理财法律关系作出调整，缺乏系统性和科学性，而且由于种种原因，迟迟未能出台。

---

① 江苏省高级人民法院民二庭：《江苏省高级人民法院关于审理委托理财合同纠纷案件若干问题的通知》，载《中国民商审判》（总第7集），137页，北京，法律出版社，2004。

综上所述，本书认为，首先，应从受托主体的专业性角度和理财资金的投资方向角度来着眼，强调理财的“金融”属性，以金融理财合同来取代传统的委托理财合同的定义；其次，根据金融理财合同的特质，应将对其法律规范的重点放在合同当事人的权利义务配置和对理财收益的分配上。因此，金融理财合同可以界定为：客户（委托人）以在金融市场获得理想收益为目的，以将资金或证券等金融性资产交付给依法从事金融理财业务的金融机构（资产管理者）进行管理为运作模式，规范委托人与资产管理者之间的权利义务关系并约定收益分配的合同。

同时需要说明的是，本书从实证的角度，通过对银行个人理财合同、基金合同、信托合同、证券公司集合资产管理合同、保险合同等各类金融理财合同主要条款的剖析，重点探讨金融理财合同的内在法律机理和合同当事人的权利义务关系的科学配置，以便对立法和司法中可能出现的问题作出一些具体而微的建议，而并不试图在形而上的法律定义上作过多纠缠。

1.2.2 金融理财合同的性质

正确认识金融理财合同的性质是我们首先要解决的问题，因为这是本书后面分析问题、适用法律的前提。关于金融理财合同的法律性质，目前争议较大，概括起来主要有以下几种学说：委托—代理说[①]、信托说[②]、行纪说[③]、借贷说[④]、合伙说[⑤]。本书认为，金融理财合同是一类有独特权利义务构造的无名合同。

1. 金融理财合同是无名合同

就金融理财合同的性质而言，无论将其界定为委托合同、信托合同、行纪合同、借款合同还是合伙合同，都难以提供令人信服的解释。

根据《中华人民共和国合同法》（以下简称《合同法》）第一百九十六条的规定，借款合同是借款人向贷款人借款，到期返还借款并支付利息的合

---

① 高民尚：《关于审理证券、期货、国债市场中委托理财案件的若干法律问题（上）》，http：//www. cfcjbj. com. cn/list. asp? Unid = 3485。

② 顾功耘：《委托理财是代理还是信托》，载《上海证券报》，2004 - 12 - 23。

③ 张凤翔：《委托投资（理财）协议中“保底条款”的法律分析》，83 页，载《中国民商审判》，2002（2）。

④ 上海市高级人民法院民二庭：《上海法院审理委托理财诉讼案件的情况分析》，载《人民司法》，2003（12）。

⑤ 张瑞强：《委托理财合同风险责任条款性质探析》，载《法律适用》，2004（9）。

同。如将金融理财合同界定为借款合同，就意味着从根本上否定了金融理财业务的创新性，更致命的是就自然人资金理财而言，对非银行金融机构来说，其行为直接违反了《中华人民共和国商业银行法》（以下简称《商业银行法》）第十一条中“未经国务院银行业监督管理机构批准，任何单位和个人不得从事吸收公众存款等商业银行业务”的规定。大范围地向公众借款很难不被理解为吸收或变相吸收存款。另外，金融理财合同与借款合同还存在以下明显的不同：(1) 合同标的不同。在借款合同中，贷款人将资金交付给对方即履行完毕义务，借款人必须在约定的期限届满时归还借款本金和相应利息；在金融理财合同中，委托人虽然也交付资金但不限于资金，也可以是其他资产。(2) 收益的性质不同。在借款合同中，贷款人享有合法的债权请求权，利息是作为对方使用借款资金的对价；而金融理财合同中的收益，应理解为资产管理的期望结果，而不是该笔资产的法定或约定孳息。

如将其界定为行纪合同也不确切，《合同法》第四百一十四条将行纪合同定义为“行纪人以自己的名义为委托人从事贸易活动，委托人支付报酬的合同”，而这与金融理财“从事投资活动”的命题相悖。金融理财合同在行为模式、对外关系、收益分配、损失承担等方面与合伙合同存在着本质的不同，用合伙合同关系来界定金融理财合同，明显违背了当事人的基本意思表示。

更大的争议来自委托合同与信托合同之争，《合同法》第三百九十六条规定：“委托合同是委托人和受托人约定，由受托人处理委托人事务的合同。”委托合同具有以下法律特征：(1) 委托合同是以为他人处理事务为目的的合同。委托合同是一种典型的提供劳务的合同，[①] 合同订立后，受托人在委托的权限内所实施的行为，等同于委托人自己的行为。(2) 委托合同的订立以委托人和受托人之间的相互信任为前提。委托人基于对受托人的办事能力和信誉的了解，相信受托人能够处理好委托事务而进行委托，受托人也是出于愿意为委托人服务，能够完成受托事务的自信而接受委托。(3) 委托合同是诺成合同及不要式合同。委托人无须以物之交付或当事人的义务履行作为合同成立的要件，当事人意思表示一致合同即成立，而且当事人也可以根据实际情况选择适当形式来签订委托合同，不必签订书面委托合同。(4) 委托合同可以是有偿的，也可以是无偿的，是有偿还是无偿完全由当事人约

---

① 魏振流：《民法》，543页，北京，北京大学出版社、高等教育出版社，2000。

定或就个别事项由法律特别规定。总体而言，委托合同适用范围较为广泛，金融理财合同也具有委托合同的委托他人处理事务和基于双方相互信任两个特征，但金融理财合同与委托合同也有明显不同之处：（1）委托合同可以为有偿合同，也可以为无偿合同；而金融理财合同必定为有偿合同，合同大多约定了受托人从管理资产中可以取得一定比例的收益或管理费。（2）委托合同为非要式合同，而金融理财合同则为准确界定合同当事人之间的权利义务关系必须订立书面合同。（3）委托合同一般不涉及第三方，只有在受托人按照委托人的指令从事委托事务造成第三方损失时，才发生委托人与第三方之间的赔偿法律关系；而在金融理财合同中，通常还存在监管人或托管人，在实践中的法律关系较为复杂。更为重要的是，《合同法》第二十一章关于委托合同的规定更加强调当事人之间的法律关系和意思表示，无法为委托财产提供有效保护，而完全适用委托合同的相关条款来调整金融理财合同的法律关系，在实践中也并不可行，特别是对于风险转移型和风险分担型金融理财合同，更无法自圆其说。

相比较而言，信托关系提供了一整套理论上相对完善的机制，似乎能较好地保护投资者的利益。但在我国，金融理财合同的信托化却面临理论与现实两大法律难题。从理论上讲，信托制度起源于英美法系国家，这就造成传统信托理念与我国民法制度存在较大的冲突。例如，《合同法》上的权利一般指债权请求权，而信托关系属财产关系，对于信托财产，受托人至少拥有名义上的所有权和控制权，具有他物权的性质。[①] 而在大多数金融理财合同中，受托人仍受委托人的监控，受托人并未取得委托财产的完全所有权，仍应服从委托人的指示，因此受托人的受托管理权仍来源于委托人的授权，对外仍然是委托人的代理人的身份，故与信托关系相去甚远。加之在我国目前法律框架下，信托财产登记制度可操作性差，信托财产无法真正独立；受托人权利约束机制缺失；受益人利益保障机制也不健全，因此，目前将金融理财合同纳入信托关系范围进行调整的时机仍不成熟。从现实层面看，虽然很多人认为金融混业经营是大势所趋，但我国目前仍然是严格适用“分业经营，分业监管”的原则。《信托法》第四条规定：“受托人采取信托机构形式从事信托活动，其组织和管理由国务院制定具体办法。”中国银监会于2006年12月28日发布的《信托公司管理办法》第七条规定，“设立信托公司，

---

① 何宝玉：《英国信托法原理与判例》，45页，北京，法律出版社，2001。

应当经中国银行业监督管理委员会批准，并领取金融许可证。未经中国银行业监督管理委员会批准，任何单位和个人不得经营信托业务”。类似的问题还见于《商业银行法》的第四十三条，即“商业银行在中华人民共和国境内不得从事信托投资和证券经营业务，不得向非自用不动产投资或者向非银行金融机构和企业投资，但国家另有规定的除外”。在这样的法律环境下，金融理财活动适用《信托法》所规定的信托行为时，涉及监管部门的审批、信托机构资质、以信托方式从事金融理财活动的资质等一系列问题，故至少目前不宜将金融理财合同定性为信托法律关系。

综合以上分析，如果对金融理财合同进行一种简单的性质上的判断似乎过于草率。金融理财的内容和形式与现有法律明文规定的委托、信托、借贷、行纪以及合伙等制度有一定的类似性，但也存在本质的区别，无论将金融理财纳入上述任何一种制度中予以规范和调整，都存在法律制度设计上的障碍和当事人之间权利和义务的失衡。

无名合同，又称为非典型合同，是指法律未规定其名称与内容的合同。[①]台湾有学者认为，未为法律明文当成一个规范模式加以规定的契约，纵使其在生活上已定型化地予以应用，也非学说上所称之有名合同。[②] 虽然无名合同没有被法律所规定，但是法律也不能不予以保护。[③] 所以区分有名合同与无名合同的主要目的在于明确法律的适用方式。就金融理财合同而言，应该定位于一种典型的无名合同。对于无名合同，我国《合同法》第一百二十四条规定：“本法分则或者其他法律没有明文规定的合同，适用本法总则的规定，并可以参照本法分则或者其他法律最相类似的规定。”因此对于金融理财合同而言，首先要适用《合同法》总则的有关规定，如果总则中没有规定的，则参照分则中的相关规定以及其他法律最相类似的规定。由于当前对于各类金融理财合同的法律性质无法达成一致，可以通过对各类金融理财合同的结构类型和权利义务配置进行系统剖析后，分别适用不同的合同规则。在适当的时候，可以考虑制定“金融机构理财业务管理办法”，全面系统地规定金融理财合同的相关内容。

---

① 易军、宁红丽：《合同法分则制度研究》，361 页，北京，人民法院出版社，2003。

② 黄茂荣：《买卖法》，3 页，北京，中国政法大学出版社，2002。

③ 同①，362 页。

2. 关于金融理财合同其他性质的评析

我国《合同法》对合同还有其他的分类标准，可以作为我们认识金融理财合同的工具。金融理财合同还具有以下其他性质：（1）金融理财合同是双务合同。以合同双方当事人是否互负对待给付义务为标准，合同可以分为双务合同和单务合同。金融理财合同是双务合同，合同的双方都享有一定的权利，并需要履行一定的义务。（2）金融理财合同是诺成合同。以合同的成立是否需要践行一定行为为标准，合同可以分为诺成合同和实践合同。金融理财合同是典型的诺成合同，该合同的成立以双方当事人意思表示达成一致为标志，当事人无须为合同的成立而另行践行一定的行为。（3）金融理财合同是要式合同。以合同成立是否必须采用法律或者当事人要求的形式为要件，合同可以分为要式合同和不要式合同。金融理财合同也是典型的要式合同。由于金融市场存在着较大的系统风险，因此涉及金融理财的法律法规都要求客户与金融机构签订书面合同并对合同内容作出指引性规定，故金融理财合同是要式合同。（4）金融理财合同是有偿合同。以当事人是否可以从合同中获取某种利益为标准，可以将合同分为有偿合同与无偿合同。在金融理财合同关系中，从事理财业务的金融机构都是盈利性组织，而客户进行理财的目的也是实现财富的保值增值，一方通过履行合同规定的义务而给予对方某种利益，对方要得到该等利益必须为此支付相应的代价，因此金融理财合同是一种典型的有偿合同。

1.2.3 金融理财合同的分类

依据不同的分类标准，金融理财合同可以有不同的分类。

1. 以风险负担为标准的分类

根据合同当事人对于合同本金和收益在委托人和管理人之间投资风险负担分配的不同，可以将金融理财合同区分为风险转移型、风险分（共）担型和风险自担型三类。

这三类理财合同在合同权利义务配置上的差异主要体现在管理人到期支付义务的确定性和投资风险的承担上。风险转移型金融理财合同是指金融理财机构按照合同事先约定的条件向委托人（客户）承诺支付固定收益，金融理财机构承担由此产生的投资风险，或金融理财机构按照约定条件向委托人（客户）承诺支付最低收益并承担相关风险，其他投资收益由金融理财机构和委托人（客户）按照合同约定分配的理财合同。在该类金融理财合同中，金融理财机构的到期支付义务最为刚性，其承担的风险也最大，该类合同中最为典型的是商业银行保证收益理财合同。

风险分（共）担型金融理财合同是指金融理财机构在保证客户本金安全的前提下，根据约定条件和实际投资收益情况向客户支付收益，但并不保证客户获得收益的合同。该类合同中，金融理财机构的到期支付义务是相对确定的，在风险承担上表现为金融理财机构与委托人（客户）共同承担投资风险。该类合同中最为典型的是商业银行保本浮动收益理财合同。

风险自担型金融理财合同是指金融理财机构根据约定条件和实际投资收益情况向委托人（客户）支付收益，并不保证客户本金安全的理财合同。在该类合同中，金融理财机构的支付义务完全是不确定的，投资风险完全由客户承担。具体而言，该类合同又可以分为非保本浮动收益金融理财合同和金融理财顾问合同，但后者不属于本书讨论的重点。

以上是本书对金融理财合同的基本分类方式，下文对于金融理财合同权利义务配置的分析也将据此次第展开。

2. 以受托主体为标准的分类

如前所述，由于我国当前尚没有对金融理财进行规制的国家层面的法律存在，而分业经营、分业监管的特点使得监管机关只能针对其管辖下的市场主体的市场行为制定并实施规范，很多现行法规都是以受托主体为依据制定的，因此这种分类是较为重要的一种分类。从广义上讲，以受托主体的不同，金融理财包括两类：机构受托理财和个人受托理财。机构受托人具体又可分为两类：一类是没有相关资质和营业许可的投资机构，包括投资公司、资产管理公司、财务公司和投资咨询公司等。另一类是具备相关资质和营业许可的证券公司、信托投资公司、商业银行、基金管理公司等。这类机构的受托理财行为通常较为规范。个人主要指具备金融投资专业技能的专业投资人。当然以个人为受托人的委托理财在实践中的影响并不大。本书为研究方便，只讨论具备相关资质和营业许可的受托主体所涉及的银行个人理财合同、基金合同、信托合同、证券公司集合资产管理合同、保险合同等合同形式，其他如“私募基金”等民间的非金融机构理财方式不在本书讨论范围之列。

3. 以委托主体为标准的分类

根据委托主体的不同，金融理财合同主要可以分为两类：机构金融理财合同和个人投资者金融理财合同。机构主要包括法人和非法人团体。另外不容忽视的是，近年来由于我国居民收入的持续增加，社会上闲置资金充斥，银行存款利息偏低，证券市场火暴，同时社会上又缺乏多元化的投资渠道，因此个人的资金也是金融理财资金的重要来源。

1.3 我国关于金融理财合同的规定

1.3.1 我国关于金融理财合同的规定

目前我国没有关于金融理财合同的专门立法，相关规则散见于有关的法律、法规以及行政规章之中。具体而言，这些规则可以分为两类：一类是专门针对金融理财合同而制定的规则，另一类是可以适用于包括金融理财合同在内的所有合同的普遍性规则。

1. 专用于金融理财合同的规则

表1－1集中了目前还有效力的专用于金融理财合同的规定，并对规定中的主要相关内容作了概括。这些规定是规范金融理财合同的主要规则。

表1－1　专用于金融理财合同的规定

颁布时间	颁布单位	法律、法规名称	主要相关内容
2005年9月24日	中国银监会	《商业银行个人理财业务管理暂行办法》①	1. 确定了商业银行个人理财业务的定义、分类及应遵循的基本原则 2. 确定了商业银行个人理财业务的基本管理制度和理财合同的主要条款及其内容 3. 确定了商业银行个人理财业务的风险管理和监管制度
2005年9月24日	中国银监会	《商业银行个人理财业务风险管理指引》	1. 规定了对商业银行个人理财业务各个环节进行风险控制的基本要求 2. 分别规定了个人理财顾问服务、综合理财服务、个人理财业务产品的风险控制要求

① 中国银行业监督管理委员会令（2005年第2号）。

续表

颁布时间	颁布单位	法律、法规名称	主要相关内容
2006年6月13日	中国银监会办公厅	《关于商业银行开展个人理财业务风险提示的通知》	1. 对各商业银行开展个人理财业务所面临的声誉风险、法律风险、市场风险、操作风险和策略风险等风险加以提示，并提出相应要求 2. 提出应加强个人理财业务的风险揭示和信息披露工作
2007年3月12日	中国银监会、国家外汇管理局	《信托公司受托境外理财业务管理暂行办法》①	1. 规定了信托公司受托境外理财业务的基本管理流程、投资方向 2. 规定了信托公司受托境外理财业务账户及资金的管理 3. 规定了信托公司受托境外理财业务的风险管理和信息披露制度
2007年1月23日	中国银监会	《信托公司集合资金信托计划管理办法》②	1. 集合资金信托计划的设立程序 2. 集合资金信托合同的主要条款 3. 信托财产的保管 4. 信托计划的运营与风险管理 5. 信托计划的信息披露与监督管理计划
2007年1月23日	中国银监会	《信托公司管理办法》③	1. 规定信托业务是信托公司以营业和收取报酬为目的，以受托人身份承诺信托和处理信托事务的经营行为。信托财产不属于信托公司的固有财产，也不属于信托公司对受益人的负债。信托公司终止时，信托财产不属于其清算财产 2. 确定了信托公司的经营范围和各种业务的经营规则 3. 确定了信托合同的一般条款

① 银监发［2007］27号。

② 中国银行业监督管理委员会令（2007年第3号）。

③ 中国银行业监督管理委员会令（2007年第2号）。

续表

颁布时间	颁布单位	法律、法规名称	主要相关内容
2004 年 12 月 7 日	中国银监会	《中国银行业监督管理委员会关于进一步规范集合资金信托业务有关问题的通知》	1. 信托投资公司办理集合资金信托业务时，应当就委托人的资产状况（或个人收入）、收入稳定状况、投资经验、对金融风险的熟悉程度、风险承受能力、对信托制度和相关法规的了解程度进行尽职调查；信托投资公司办理集合资金信托业务，应对信托资金拟投向的项目进行尽职调查，出具独立的尽职调查报告 2. 确立了信托资金托管制度 3. 对信托资金运用关联方交易的限制 4. 强化了信托投资公司的信息披露义务 5. 加强了对于集合资金信托业务中有关违法违规行为的处罚力度
2004 年 12 月 8 日	中国银监会	《中国银行业监督管理委员会关于信托投资公司集合资金信托业务信息披露有关问题的通知》	1. 要求信托投资公司应当按照国家有关法律和本通知的要求，制定公司内部的信息披露制度，按照诚信、真实、完整、准确、及时的原则披露集合资金信托业务的相关信息 2. 要求信托投资公司办理集合资金信托业务时，应当制作“信息备忘录”，披露相关内容
2003 年 12 月 18 日	中国证监会	《证券公司客户资产管理业务试行办法》①	1. 证券公司客户资产管理业务范围和业务资格 2. 证券公司客户资产管理业务基本业务规范 3. 要求证券公司从事资产管理业务时应做好风险控制和实现客户资产第三方托管

① 中国证券监督管理委员会令第 17 号。

续表

颁布时间	颁布单位	法律、法规名称	主要相关内容
2004年10月22日	中国证监会	《关于证券公司开展集合资产管理业务有关问题的通知》	1. 开展集合资产管理业务的试点原则 2. 开展集合资产管理业务的基本规范 3. 对于集合资产管理业务的后续监管 4. 对于证券公司设立集合资产管理计划申报材料的内容与格式、集合资产管理计划说明书的主要内容、集合资产管理合同内容作出了指引性规定
2007年11月29日	中国证监会	《基金管理公司特定客户资产管理业务试点办法》①	1. 基金管理公司从事特定资产管理业务，可以采取以下形式：（1）为单一客户办理特定资产管理业务；（2）为特定的多个客户办理特定资产管理业务 2. 基金管理公司从事特定资产管理业务，应当将委托财产交由具备基金托管资格的商业银行托管 3. 资产管理人、资产托管人应当在资产管理合同中充分揭示管理、运用委托财产进行投资可能面临的风险，使资产委托人充分理解相关权利及义务，愿意承担相应的投资风险 4. 从事特定资产管理业务，资产管理人、资产托管人和资产委托人应当依照法律法规和中国证监会的规定，履行与特定资产管理业务有关的信息报告与信息披露义务
2004年3月30日	中国证监会	《证券投资基金信息披露管理办法》②	1. 基金信息披露一般规定 2. 基金募集信息披露 3. 基金运作信息披露 4. 基金临时信息披露
2004年6月29日	中国证监会	《证券投资基金运作管理办法》③	1. 基金募集的基本规定 2. 基金份额的申购和赎回的基本规定 3. 基金的投资、收益分配原则和流程

① 中国证券监督管理委员会令第51号。

② 中国证券监督管理委员会令第19号。

③ 中国证券监督管理委员会令［2004］第21号。

续表

颁布时间	颁布单位	法律、法规名称	主要相关内容
2006年8月24日	中国证监会、中国人民银行、国家外汇管理局	《合格境外机构投资者境内证券投资管理办法》①	1. 合格投资者应当委托境内商业银行作为托管人托管资产，委托境内证券公司办理在境内的证券交易活动 2. 合格投资者可以委托在境内设立的证券公司等投资管理机构，进行境内证券投资管理 3. 合格投资者在经批准的投资额度内，可以投资于中国证监会批准的人民币金融工具 4. 境外投资者履行信息披露义务时，应当合并计算其持有的同一上市公司的境内上市股和境外上市股，并遵守信息披露的有关的法律法规
2004年4月21日	中国保监会	《保险资产管理公司管理暂行规定》②	确定保险资产管理公司保险资金运作的规则、托管制度、投资方向、保密制度和信息披露制度
2000年2月18日	中国保监会	《投资连结保险管理暂行办法》③	1. 投资账户的管理 2. 投资账户与任何关联账户之间，不得发生买卖、交易和财产转移行为 3. 投资账户的管理人员不得自营或者代人经营与该投资账户同类的业务，不得从事任何损害该投资账户利益的活动；不得与该投资账户进行交易 4. 投资连结保险的信息披露制度
2000年2月18日	中国保监会	《分红保险管理暂行办法》④	确定分红保险产品运作的规则、托管制度、保密制度和信息披露制度

2. 非专用于金融理财合同的规则

表1－2集中了与金融理财合同相关的立法，这些立法当然适用于金融理

① 中国证券监督管理委员会、中国人民银行、国家外汇管理局令第36号。

② 中国保险监督管理委员会令［2004］2号。

③ 保监发［2000］26号。

④ 保监发［2000］26号。

财合同。该表同时对与金融理财合同相关的主要相关内容作了简要概括。这些立法是规范金融理财合同的主要规则。

表 1－2　　非专用于金融理财合同的立法

颁布时间	法律、法规名称	主要相关内容
第九届全国人民代表大会第二次会议通过，1999 年 3 月 15 日颁布，1999 年 10 月 1 日施行	《合同法》①	1. 《合同法》是规制金融理财合同的主要法律；《合同法》分则中没有就金融理财合同作出专门规定，因此金融理财合同应适用《合同法》总则的规定，并可以参照《合同法》分则或者其他法律最相类似的规定 2. 可以适用的具体规则包括：合同的成立、生效、履行、保全、转让、责任、争议解决等等
第六届全国人民代表大会第四次会议通过，1986 年 4 月 12 日颁布，1987 年 1 月 1 日施行	《中华人民共和国民法通则》②	1. 民事责任的形式 2. 民事责任的范围
第十届全国人民代表大会常务委员会第十八次会议通过，2005 年 10 月 27 日颁布，2006 年 1 月 1 日起施行	《中华人民共和国证券法》③	1. 证券公司从事资产管理业务的基本规定 2. 证券服务机构从事理财业务的相关规定 3. 证券公司和证券服务机构违反相关规定的法律责任
第十届全国人民代表大会常务委员会第六次会议通过，2003 年 10 月 27 日颁布，2004 年 2 月 1 日起施行	《商业银行法》④	1. 商业银行从事理财业务的基本规定 2. 商业银行违反相关规定的法律责任
第九届全国人民代表大会常务委员会第二十一次会议通过，2001 年 4 月 28 日颁布，2001 年 10 月 1 日起施行	《信托法》⑤	1. 信托设立规则 2. 信托财产独立性 3. 信托法律关系当事人的权利义务关系 4. 信托合同的变更与终止

① 中华人民共和国主席令第 15 号。

② 中华人民共和国主席令第 37 号。

③ 中华人民共和国主席令第 43 号。

④ 中华人民共和国主席令第 13 号。

⑤ 中华人民共和国主席令第 50 号。

续表

颁布时间	法律、法规名称	主要相关内容
第十届全国人民代表大会常务委员会第五次会议通过，2003 年 10 月 28 日颁布，2004 年6 月1 日起施行	《证券投资基金法》①	1. 基金合同的内容 2. 基金管理人、基金份额持有人与托管人的权利和义务 3. 基金的运作与信息披露规则 4. 基金合同的变更、终止与基金财产清算 5. 基金监管与法律责任
第九届全国人民代表大会常务委员会第三十次会议通过，2002 年 10 月 28 日颁布，2003 年1 月1 日起施行	《中华人民共和国保险法》②	1. 保险合同规则 2. 保险公司业务管理规则 3. 保险经营原则 4. 法律责任
第八届全国人民代表大会常务委员会第三次会议通过，1993 年9 月2 日颁布，1993 年12 月1 日起施行	《中华人民共和国反不正当竞争法》③	1. 对不正当竞争行为作出规定，受托金融机构不能有这些不正当竞争的违法行为 2. 上述不正当竞争行为中，特别需要避免的行为有：(1) 经营者不得以排挤竞争对手为目的，以低于成本的价格销售商品；(2) 经营者销售商品，不得违背购买者的意愿搭售商品或者附加其他不合理的条件

1.3.2 我国关于金融理财合同规定的特点

综合上述表格中的规定可知，我国关于金融理财合同的立法主要体现出以下特点：

1. 各金融机构的金融理财合同缺乏统一规范

在金融实践中，各类金融机构的理财产品具有很强的替代性，存在直接的竞争关系。监管标准的不统一，造成各类金融机构竞争条件事实上的不平等。由于理财业务的复杂性和多样性，以及在“分业经营、分业监管”原则的指导下，中国金融领域各个行业归属不同的监管部门，这些监管部门独立颁布本行业的规定，有时会出现对于同一问题的规定政出多门、相互矛盾，

① 中华人民共和国主席令第 9 号。

② 中华人民共和国主席令第 78 号。

③ 中华人民共和国主席令第 10 号。

或者多个监管部门对某一问题都没有相应的规定等情况。

2. 立法层级比较低

到目前为止，我国现行法律法规中缺乏对金融理财合同的专门规定，面对现实中不断出现的争议，各个监管机构只能通过频繁地出台各种通知和办法来解决问题，这种做法的不足之处十分明显：首先，该立法体系的整个层级较低，在与其他法律相冲突时往往无法适用；其次，由于立法层级低，所以法院在判案的时候不能将其作为裁判依据；最后，由于立法层级低，导致上述规则的制定程序并不严格，制度往往会带有一定的部门利益倾向。

3. 立法缺乏前瞻性

从上面的规定来看，其内容多缺乏前瞻性。这些规定的内容主要是针对现实中争议较大的问题而出台的应急性解决措施。其优点是能够及时地解决当前争议较多的问题。但是由于缺乏总体的立法构思，缺乏对现实问题的理论探究，从而导致这些规定无法对将来可能发生的问题作出前瞻性的预测，并给出合理的解决方案，因此在新问题出现后，不得不再行立法，这样不仅加大了规定的制定成本，而且容易造成制度之间的冲突与不协调。

4. 金融理财市场配套法制设施不完善

目前，我国理财市场制度不配套，已经存在的相关法律法规没有对相关配套设施作出相应的规定，给金融理财业务的开展带来困难。以信托为例：

首先是信托财产登记过户问题。目前中国信托登记制度还缺少实务上的配套措施。对信托登记的权利人、义务人、登记机关及登记程序等都没有明确的规定，这使得信托公司在办理不动产信托、机动车辆信托以及其他财产信托等业务时，面临不能登记的现实问题，影响到信托理财业务的开展。

其次是税收制度问题。按照《信托法》的规定，委托人将资产委托给理财机构进行投资时，双方发生信托关系，伴随着产权的转移，需要交纳一定的税金。而当作为受托人的理财机构要把资产还给委托人的时候，同样发生了产权转移，还是要交纳税金。双重纳税会大大提高理财机构的经营成本，直接的后果是压缩了投资者的收益空间。同时，国家对于信托公司开展公益信托业务等特殊产品，也还没有相应的税收优惠政策。随着国内信托理财业金融创新的增多，投资主体和环节多元化的特点日趋明显，而我国现行税收政策已多有不适。

5. 各类金融理财合同法律关系不明确

金融产品推出时不明确法律关系和风险责任，将会引起法律纠纷。由于不同金融产品风险承担的主体不同，因此，在产品推出时一定要明确产品的法律关系和风险责任。但是在实践中，各金融机构的理财合同约定混乱，无法确认其性质，从而无法确定损失的最终承担者，由此导致许多诉讼案件，影响了经济的稳定。因此，监管机构的主要职责是按法律关系明确某类产品的风险责任，制定业务规范，对金融创新的监管应按法律关系实施分类监管。在此基础上的产品创新是金融机构法人根据市场需求自主决定的事情，只要符合业务规范，揭示了产品风险，监管机构就可以不必一一审批或审核，这样有利于在防范金融风险的同时促进金融创新。

总的来说，我国目前关于金融理财合同的立法还极不完善，需要更高级别的立法机构统一规划，逐步立法，金融创新的顺利推进，呼唤着法学理论的突破和法律条文的完善。①

---

① 郭雳：《中国银行业创新与发展的法律思考》，72页，北京，北京大学出版社，2006。

第2章

金融理财合同中的利益主体与结构

2.1 金融理财合同中的利益主体

从一般意义上讲，金融理财合同的主体是委托人与资产管理人。委托人就是接受金融理财服务的普通社会成员，并没有太多的特殊性，因而无须过多探讨。但是作为金融理财合同的另一方——资产管理人的各类金融机构，因为其经营资格、经营范围不同，而且各类金融机构所提供的理财服务也有很大不同，所以本节将研究重点放在了这些金融机构上。同其他合同相比较，金融理财合同在合同性质上具有多元化的特点，因此还涉及托管人和受益人，托管人属于金融理财合同的一类特别主体，主要是指商业银行；受益人可以作为金融理财合同的利益相关人存在，在金融理财合同中主要是指委托人自己。本节对上述金融理财合同中的利益主体状况与特点作了较为深入的分析。其目的在于：第一，便于明辨金融理财合同的利益主体，能够根据不同的服务而向不同的主体主张责任；第二，通过这些讨论，便于后文分析各类金融理财合同的权利义务配置。

2.1.1 金融理财合同中的资产管理人

从我国目前开展金融理财业务的金融机构现状来看，管理机构形形色色，没有统一规范。本书认为，资产管理人是指具有专业的投资知识与经验，根据法律、法规及理财章程或理财合同的规定，经营管理委托人资产，谋求委托人资产的不断增值，以使委托人收益最大化的机构。

受托人的资质是委托理财成败的关键。合格的受托人应具备理财的专业知识、稳健的财务能力、健全的内控机制，并符合最低资本金要求，能够依法、忠实、勤勉地履行受托义务。① 对于金融机构的理财业务，受其经营范围和主管机关审批的制约，不同的金融机构进行分业经营，在法律和规章的范围内各自办理不同的理财业务，未经审批则属违法。尽管我国从金融制度上遵循“分业经营与分业监管”的原则，但从微观层面考量，金融机构正通过所谓的金融创新而不断突破政策的限制，从事其他金融领域的经营活动。例如，银行、保险等其他金融机构不约而同地把目光瞄准了金融理财市场。目前，国内市场上比较常见的金融理财产品包括基金、保险理财产品、银行理财产品、券商理财产品和信托理财产品等。从1993年国内证券公司为吸引中小投资者而开始的资产管理萌芽阶段开始，中国的金融理财业历经沉浮，已逐渐发展成为具有一定规模、参与主体众多的业务类型。从受托的主体看，专业性的金融理财受托主体主要包括五类：证券公司、信托投资公司、基金管理公司（公募基金）、商业银行和保险公司，另外还存在一些各色名目的民间理财机构，如未经金融监管机构审批的各类资产管理公司、财务咨询公司等。如前所述，本书突出理财业务的“金融”属性，其他民间的非金融机构理财方式不在本书讨论范围之列。表2-1中列举了我国目前金融机构理财业务的基本情况。②

表2-1　我国目前金融机构理财业务基本情况表

经营主体	商业银行	信托公司	证券公司	基金公司	保险公司
主要理财业务	人民币理财、外汇理财、个人理财业务	资金信托业务、资产管理业务	发行集合理财产品、资产管理业务	发行基金产品	投资连结保险、分红险、万能险
主要客户群	一般社会公众	企业、机构以及富有个人	企业	一般社会大众以及大型机构投资者	一般社会公众
经营方式	银行自销	银行代销或自己销售	券商有自己的销售渠道	证券交易所交易，或银行代销	银行代理或主动销售
监管主体	中国银监会	中国银监会	中国证监会	中国证监会	中国保监会
投资范围	货币市场、国外固定收益证券、信托产品	不存在限制	交易所交易的上市金融品种	交易所交易的上市金融品种	债券、银行存款和基金
主要集合理财产品	人民币理财产品	集合资金信托产品	集合理财计划	一般基金产品	投资连结保险

① 过燕华：《委托理财的若干法律问题的思考》，载《江西金融职工大学学报》，2007（3）。

② 资料来源：各监管机构对理财业务的相关监管法规。

1. 证券公司

证券公司是指专门从事各种有价证券经营以及相关业务的金融企业，或者是指专门经营证券业务，经主管机关批准具有独立企业法人地位的金融企业。境外国家和地区对证券公司有不同的名称，如美国称为投资银行、英国称为商人银行。经国务院证券监督管理机构批准，证券公司可以经营下列部分或者全部业务：证券经纪；证券投资咨询；与证券交易、证券投资活动有关的财务顾问；证券承销与保荐；证券自营；证券资产管理；其他证券业务。[①] 我国证券公司开展委托理财业务比较早，在股票市场设立之初就出现了萌芽，1987 年，我国第一家专业化证券公司——深圳经济特区证券公司成立。此后，为了配合国债交易和发展证券交易市场，由中国人民银行陆续牵头组建了 43 家证券公司，同时批准部分信托投资公司、综合性银行开展证券业务。2002 年前后，部分券商如长江证券、国信证券、招商证券等在资产管理业务上开展了积极的尝试，推出了一些理财计划。但是 2002 ~ 2004 年，由于股票市场持续走低，一些违规操作资产管理业务的证券公司，如南方证券公司，因到期无法偿还本金和支付承诺的保底收益而相继爆发亏损丑闻。证券监管机构于 2003 年 4 月紧急叫停了券商的集合理财计划，此后在 2004 年 10 月 22 日，中国证监会发布了《关于证券公司开展集合资产管理业务有关问题的通知》，对证券公司设立集合资产管理计划、开展集合资产管理业务的具体操作及监管事宜进行详细说明，以此来规范券商集合理财业务。随后，多家具有创新试点资格的券商积极推出集合理财产品的方案，第一批券商集合理财产品于 2005 年 3 月 9 日推出，当年共有 10 家券商推出了各自的产品，募集资金达 100 亿元。自 2005 年券商集合理财产品开始推出后，截至 2007 年 12 月 31 日，共有 15 家证券公司推出集合理财产品 24 只，总资产规模达约 400 亿元。[②]

2. 商业银行

商业银行是指依照《商业银行法》和《中华人民共和国公司法》（以下简称《公司法》）设立的吸收公众存款、发放贷款、办理结算等业务的企业法人。商业银行是以经营工商业存放款为主要业务，并以实现利润为其主要

① 《中华人民共和国证券法》第一百二十五条。

② 《2007 年中国金融理财市场报告》课题组（主持人：巴曙松）：《叩开财富之门——我国金融理财市场展望之比较篇　竞争格局》，载《农村金融研究》，2007（6）。

经营目标的金融机构，或者可以描述为：是以追逐利润为目的，以经营金融资产、负债和金融服务为对象，唯一能提供存款货币的综合性、多功能的金融企业。它是属于金融机构中的存款机构。商业银行可以经营下列部分或者全部业务：吸收公众存款；发放短期、中期和长期贷款；办理国内外结算；办理票据承兑与贴现；发行金融债券；代理发行、代理兑付、承销政府债券；买卖政府债券、金融债券；从事同业拆借；买卖、代理买卖外汇；从事银行卡业务；提供信用证服务及担保；代理收付款项及代理保险业务；提供保管箱服务；经国务院银行业监督管理机构批准的其他业务。①

我国《商业银行法》第四十三条规定，商业银行在中华人民共和国境内不得从事信托投资和证券经营业务，不得向非自用不动产投资或者向非银行金融机构和企业投资，但国家另有规定的除外。该法条反映了我国实行严格的分业经营的金融政策。商业银行只能从事存贷款以及中间业务，禁止从事信托、证券和不动产的投资业务。因此，具备较高理财资质和投资经验的商业银行目前只限于开展个人理财业务，不能从事信托类理财业务，但是国家另有规定的除外，这也为国家审时度势让商业银行逐步转向混业经营留下了政策空间。

与其他行业相比，银行理财产品是起步较晚的，银行理财产品往往局限于以各类债券、中央银行票据为基础资产，品种单一。各家银行在已有的个人理财业务基础上推出了自己的外汇理财产品和人民币理财产品。与外汇理财产品相比，后推出的人民币理财产品赢得了市场的热烈追捧，但是收益率互相攀比、承诺最低收益率、理财产品和存款搭售等问题也层出不穷。在2005年9月，中国银监会出台了《商业银行个人理财业务管理暂行办法》和《商业银行个人理财业务风险管理指引》，结束了国内理财产品缺乏具体监管法规的尴尬局面，使商业银行的个人理财业务有法可依。据不完全统计，截至2007年12月31日，经营个人理财业务的主要22家商业银行②，累计发行

① 《中华人民共和国商业银行法》第三条。

② 这22家商业银行包括：中国工商银行、中国农业银行、中国银行、中国建设银行4家国有及国有控股商业银行；交通银行、中信银行、中国光大银行、招商银行、上海浦东发展银行、中国民生银行、华夏银行、深圳发展银行、广东发展银行、兴业银行10家股份制商业银行，上海、北京2家城市商业银行；汇丰银行、花旗银行、恒生银行、荷兰银行、东亚银行5家外资银行，以及中外合资银行厦门国际银行。

理财产品约 727 只，其中外汇理财产品 497 只，人民币理财产品 230 只。[①]

3. 信托公司

信托公司是指依照《公司法》和《信托公司管理办法》设立的主要经营信托业务的金融机构。“受人之托，代人理财”是信托公司的本源业务，也是信托公司的最基本的业务。信托公司是信托发展的产物，是以代人理财为主要经营内容，以受托人身份经营现代信托业务的金融企业。信托公司可以申请经营下列部分或者全部本外币业务：资金信托；动产信托；不动产信托；有价证券信托；其他财产或财产权信托；作为投资基金或者基金管理公司的发起人从事投资基金业务；经营企业资产的重组、购并及项目融资、公司理财、财务顾问等业务；受托经营国务院有关部门批准的证券承销业务；办理居间、咨询、资信调查等业务；代保管及保管箱业务；法律法规规定或中国银行业监督管理委员会批准的其他业务。[②]

自 2001 年《信托法》实施以来，基于信托原理的信托业务为几乎所有现存的金融机构所运用来开展理财业务，但其实都是典型的信托理财业务[③]。并且由于不同金融类别的机构受不同的监管机构监管，其中冠以“信托”的由中国银监会监管的信托投资公司的信托业务所受到的监管在所有金融业务中最为严格。信托行业在 2002 年获得了新生，《信托法》颁布后，中国银监会又修订颁布了《信托公司管理办法》和《信托公司集合资金信托计划管理办法》，为信托行业构建了恰当的监管框架，为此后信托业的快速发展奠定了规范的制度环境。信托业的具体业务范围获得了法律上的明确，并使理财业务合法地成为信托投资公司的重要经营项目。其中的证券投资集合资金信托产品，是目前我国理财市场的一类重要产品。

4. 基金公司

基金公司是公司型投资基金的法人主体，是通过发行股票募集资本并投资于证券市场的股份有限公司，其性质与普通的股份公司并无二致。投资者在购买基金公司的股票以后成为公司的股东，公司董事会是基金公司的最高权力机构。基金公司的发起人一般是券商、投资银行、投资咨询公司或保险

---

① 舒眉：《股市红火银行系理财产品黯淡》，载《南方周末》，http://www.southcn.com/weekend/economic/200703010022.htm。

② 《信托公司管理办法》第十六条。

③ 具体包括：证券公司的专项资产管理业务、银行的本外币理财业务、保险公司的投资连结保险业务、基金管理公司的基金管理业务、国家发展和改革委员会管理的创业投资企业、产业投资基金等。

公司。基金公司一般委托外部的基金管理人来管理基金资产，委托其他金融机构托管基金资产。基金公司可以是封闭式基金公司，也可以是开放式基金公司。另外还有所谓的基金管理公司，也就是基金经理公司，是适应契约性基金的操作而产生的基金经营机构。基金管理公司是基金的委托公司，经营并保管基金的信托财产，负责基金的投资管理与日常操作。

在目前的金融理财市场上，基金业是发展时间最长、市场规模最大、产业最为成熟、业务最为规范的部分。从1997年进行试点以来，基金业在政策扶持下以超常规的速度发展，特别是在2001年开放式基金试点之后，开放式基金数量更是呈几何级数增长，2007年初一举突破1万亿元，成为市场上最大的机构投资者。基金业已形成了较为完整和成熟的产品群，如各种投资风格的股票基金、债券基金、货币市场基金、保本基金、伞型基金等类型，能够投资于除期货、外汇以外的大部分国内金融产品，可以最大限度地满足不同的投资需求。目前，基金公司面向公众投资者提供的产品主要分为开放式基金和封闭式基金两大类，其中，开放式基金256只，基金资产份额5 518亿份，基金资产规模6 997亿元；封闭式基金52只，基金资产份额807亿份，资产规模1 616亿元。① 1997年基金业试点之初，国内市场上全部都是封闭式基金，在2001年开放式基金试点之后，凭借自身在组织形式上的先天优势，开放式基金数量和份额迅速扩大，对国际基金市场上存在的基金产品，国内市场上基本上都已经拥有了类似的产品。

5. 保险公司

保险公司是依照《中华人民共和国保险法》（以下简称《保险法》）和《公司法》设立的经营商业保险业务的金融机构。出于审慎性原则，保险资金最初仅可用于银行存款和债券投资，投资渠道很少。我国《保险法》第一百零五条第二款规定："保险公司的资金运用，限于银行存款、买卖政府债券、金融债券和国务院规定的其他资金运用形式。" 1999年10月国务院批准保险公司购买证券投资基金，尽管是间接进入股市，但是却打开了保险基金入市的大门。2004年10月24日，中国保监会和中国证监会联合发布《保险机构投资者股票投资管理暂行办法》，保险资金获准直接入市。

保险公司的理财产品主要是投资连结保险、分红保险和万能保险。由于保险理财产品兼具保险保障功能和理财功能，所以与其他金融理财产品相比

---

① 数据来源：Wind资讯。

有很多不同点，监管层对于保险理财产品的监管和规范都相对要灵活一些，在对资金门槛、收益状况、资金托管和业务隔离、管理费用等方面都没有明确的规定。在立法允许保险公司可以通过投资基金间接进入证券市场之后，1999年10月23日，投资连结保险最早由中国平安保险推出，平安保险公司率先在上海推出了投资连结类保险——“平安世纪理财投资连结保险”，这种险种不仅具有保障功能，而且具有投资功能，这项业务的推出，填补了国内人寿保险的空白，而且活跃了国内保险市场，从此拉开了保险理财的序幕。

2003年1月1日，修订后的《保险法》正式实施，将设计开发保险产品和制定费率的权力归还保险公司，解除了产品创新的最大障碍。中国保监会于2003年5月出台的《人身保险新型产品精算规定》，规定了分红保险、投资连结保险和万能保险的设计和经营管理的技术规范，为产品创新制定了标准。此外，中国保监会还出台法规积极拓宽保险资金的运用渠道，提高保险公司的投资回报率，增强了保险理财产品的市场竞争能力。这段时期，强调长期投资储备而不是单纯追求赚钱理念的分红型保险产品、缴费灵活具有最低收益的万能保险产品以及注重客户定位、投资风格丰富的第二代投资连结保险产品成为市场上的主要产品。财产保险公司积极推出了非寿险投资型保险，成功地进入了一直由寿险公司把持的保险理财产品市场。

2.1.2 金融理财合同中的委托人

近年来，由于我国居民收入持续增加，社会上闲置资金充斥，银行存款利息偏低，同时社会上又缺乏多元化的投资渠道，因此个人和机构都有着十分强烈的理财需求。

金融理财合同中的委托人多是社会上一些资金较为富余的主体，如富有的个人、企业、社保基金及有闲置资金的其他社会团体等。

从总体上说，在国内资本市场上，委托人主要包括两类：机构和个人投资者。机构主要包括法人、非法人团体，而法人又包括上市公司和非上市公司。对于自然人来讲，只要具有民事行为能力的人都可以成为金融理财合同的委托人。

其中在机构方面，本书认为，在我国金融市场鼓励投资主体多元化的前提下，对于金融理财合同委托人主体资格的审查，不能过于苛刻。一般情况下，符合法律规定、具有民事行为能力的非银行企事业法人、社团法人，都可以作为委托人签订金融理财合同。

社保基金、企业年金和住房公积金对投资的要求是低风险、适当收益。我国的社保基金虽然已经积累了庞大的资金，但是脆弱的社会保障体系和严重匮乏的养老金储备依然无法满足未来老龄化社会的需要，需要进行更好的资产管理。据中国人口发展研究中心预测，到2010年，中国60岁以上人口所占的比例将达到12.5%，2030年则将攀升至23.3%。而中国现有的养老基金严重不足，收支缺口逐年加大，在这种情况下，就更加迫切需要有效的资产管理来进行资金运作，以实现大规模社保基金的保值增值。目前，中国社保基金已经委托了一些基金公司和证券公司来代为投资。社保基金、住房公积金等基金作为委托人进入金融理财市场，只要做到合理规划，尽量规避风险并使资金实现保值增值是完全可以的。

对于国有企业、上市公司能否作为委托人的问题，学界尚存在争议。当前，国有企业、上市公司从事证券投资委托理财存在很多问题，委托理财资金被挪用、占用甚至被用于操控股价直至最后损失殆尽，无法安全收回的案例比比皆是，造成国有资产流失、上市公司股价受重创，给国家和社会公众股股东造成惨重损失，并给证券市场带来较大负面效应。为此，一种观点认为，国有企业、上市公司进行委托理财，直接损害到国家利益和国民经济发展的安全与秩序，应认定合同无效；而另一种观点认为，委托理财是企业正常经营活动行为之一，目前国家也没有法律规定禁止国有企业和上市公司进行委托理财，应认定合同有效。①

本书认为，国有企业、上市公司从事投资理财具有一定的合理性，从资本追求利益最大化以及发挥资本效能的角度看，国有企业和上市公司资金进入金融理财市场是符合经济规律的。但《中华人民共和国证券法》（以下简称《证券法》）规定，上市公司募集资金必须按照招股说明书中所列资金用途使用，如果改变用途必须经过股东大会批准。认定国有企业、上市公司签订的金融理财合同是否有效，既要考虑国有企业和上市公司作为委托投资主体及其行为限制上的特殊性，又要将其入市动机和投资品种作为客观依据，本着保护投资、抑制投机的价值取向来甄别其不同情况下的金融理财合同的效力问题。其中，对以炒作股票为内容的金融理财合同，认定属于违规入市投机，与发挥本市场直接融资和促进企业经营机制转换的功能不相符合，对

① 李永祥：《委托理财纠纷案件审判要旨》，72页，北京，人民法院出版社，2005。

正常的市场秩序构成冲击，应属无效。对这类行为，监管机构应加强对随意变更募集资金投向行为的监管，对不符合法规的行为实施相应的惩罚，建立和完善更为严格的责任追究机制，尤其要加大处罚力度。与此相反，对于其他经过主管机构批准的符合现行法律法规要件的金融理财合同，应属有效。关于该问题，在后文有关金融理财合同效力的章节中仍有论述，此处不赘。

2.1.3　金融理财合同中的资产托管人

资产托管人的产生源于委托人与管理人的信息不对称，同时也是为了保障理财资产的安全，委托人为保护自身利益而要求证券公司、基金公司等管理人将理财资产交由商业银行托管。按资产是否有第三方监督来划分，金融理财合同的运作方式可分为直接委托和间接委托两种方式。直接委托是指委托人与管理人签订资产委托管理协议，将资金直接划转到管理人账户或保留自己的账户，由管理人负责进行投资，托管期满，本息一次清算的委托方式。间接委托指的是委托人和管理人分别在第三方开立专用账户，客户划进托管资金，管理人划入一定比例的信用风险保证金的委托方式。对于证券金融理财托管合同，还存在一种第三方监管合同，其可以单独订立，也可以包含在金融理财合同的条款中，由于我国《合同法》与《证券法》均未对监管合同作出规定，故此类合同属于无名合同。在“一对一”模式的理财合同中，委托人与管理人一般会与证券公司签订“监管合同”，要求第三方的证券公司作为监管方来对委托资金和证券账户进行托管。委托人和监管人有权监督券商的资金运作、审查其投资组合等。

应予注意的是，金融理财法律关系中的监管人并非信托法律关系中的信托监察人。信托法中的信托监察人是指以自己的名义，为受益人为有关信托的诉讼上或诉讼外的行为，其法律地位是受益权及信托利益的管理人，其适用的情形是受益人不特定、尚未存在、公益信托或其他为保护受益人的利益认为有必要的情形。我国《信托法》只规定了公益信托必须设立信托监察人。信托监察人的设立目的是保护受益人的利益，其以自己的名义从事行为。而金融理财合同中的监管人是指依其与委托人签订的监管合同，履行监督受托人安全运用理财账户中的资金义务的一方当事人，其依约在各类金融理财合同中存在。监管人虽然也为保护受益人的利益进行监管行为，但其不能以自己的名义为信托上的行为，也不是信托法律关系的当事人。[①]

表2－2是各金融监管机关对市场上主要理财产品是否设立托管机构的规定情况。[②]

表2－2　我国各金融监管机关对主要理财产品设立托管机构有关规定

银行人民币理财产品	信托公司资金信托计划	证券公司集合理财产品	基金	投资连结保险
没有明确规定	必须由有资质的托管银行托管	必须由有资质的托管银行托管	必须由有资质的托管银行托管	没有明确规定

在商业银行的理财计划中，商业银行应当将银行资产与客户资产分开管理，明确相关部门及其工作人员在管理、调整客户资产方面的授权。对于可以由第三方托管的客户资产，应交由第三方托管。[③] 由此可以看出，对于商业银行的客户的理财资金是否需要托管，由谁托管等并没有明确规定。

在证券公司作为管理人的情况下，其根据自身的特点和业务需求作出理财计划，通过自己的销售渠道将理财产品卖给投资者以获得集合资金，再将集合资金托管于有资质的商业银行。这是为了建立投资者的信任，也是遵守中国证监会出台的有关加强风险监管的规定。市场上现有的券商集合理财产品都在产品设计上加强了对投资人利益的保护和风险控制，如受委托券商必须将委托资产交给商业银行等机构进行第三方托管，使委托资产在法律上、管理上与券商的自有资产相分离，有效地保护投资者的资产安全。从托管合同的当事人来看，证券公司托管主要有两种情况：一种是证券公司作为合同一方与委托理财合同的委托人、管理人共同签订三方协议，合同主体为三方当事人；另一种是证券公司只与委托理财合同的委托人签订协议，合同主体为两方当事人。托管人的违约行为往往与受托人的违约行为同时存在，共同导致了委托人损失的产生。在证券公司的集合理财中，受委托券商必须将委托资产交给商业银行等机构进行第三方托管，使委托资产在法律上、管理上与券商的自有资产相分离，有效地保护投资者的资产安全。同时，券商发起设立集合理财计划，须分户管理、独立核算，使用专门的席位，透明地接受

① 张雪：《从信托探析委托理财案件》，载《人民法院报》，http://rmfyb.chinacourt.org/public/detail.php? id＝74580。

② 由笔者根据各监管机构对理财业务的相关监管法规总结得出，截止时间为2007年12月31日。

③ 《商业银行个人理财业务风险管理指引》第九条。

监管部门、证券交易所、证券登记结算机构等各方的监管。受委托券商或托管人因解散、被撤销或者被宣告破产等原因进行清算时，理财资产不属于清算财产。不是券商集合理财自身承担的债务，不能对集合理财强制执行。

信托投资公司办理集合资金信托业务，应将集合资金信托计划项下的信托财产交由合格的商业银行托管。如《中国银行业监督管理委员会关于加强信托投资公司集合资金信托业务项下财产托管和信息披露等有关问题的通知》第一条规定："信托投资公司办理集合资金信托业务，应将集合资金信托计划项下的信托财产交由合格的商业银行托管。"《中国银行业监督管理委员会关于进一步规范集合资金信托业务有关问题的通知》第十条规定："信托投资公司办理集合资金信托业务，应按一个信托计划设置一个银行账户的原则，为每一个信托计划开立一个信托财产专户；异地推介的，应在推介地为该信托计划开立银行临时账户，推介期满时，将信托资金划转到该信托计划的信托专用账户。"

针对基金公司资金托管问题，《证券投资基金法》第二十五条规定："基金托管人由依法设立并取得基金托管资格的商业银行担任。"第十九条第三款规定，基金管理人应当履行下列职责：对所管理的不同基金财产分别管理、分别记账，进行证券投资。投资者、基金管理人、基金托管人通过基金契约方式建立信托协议，确立投资者出资（并享有收益、承担风险）、基金管理人受托负责理财、基金托管人负责保管资金三者之间的信托关系。基金管理人与基金托管人（主要是银行）通过托管协议确立双方的责权。

保险公司的投资连结保险有其独立的投资账户，但是对于集合资产独立性方面的规范还没有明确的规定。中国保监会只是于2005年先后发布了多个配套文件，明确了保险资金直接投资股票市场涉及的证券账户、交易席位、资金结算、投资比例等问题，要求保险业全面推行资产负债管理，建立投资决策、投资交易和资金托管三分离的防火墙制度，有效防范保险资金入市的运作风险。

2.1.4 金融理财合同中的受益人

受益人属于信托关系的概念，信托关系存在三方主体，即委托人、受托人和受益人，受益人是信托关系中不可缺少的一方当事人，没有受益人的信托是无效的。信托受益人是指享受信托财产本身的利益及由信托财产增加收益的人，只享受信托财产本身利益的人，称为本金受益人。受益人享有受益权，所谓受益权是指依法享有受托人管理运用和处分信托财产所产生的全部或部分利益的权利。①

在本书第 1 章关于金融理财合同性质的讨论中，将金融理财合同定义为一种具有独特权利义务构造，具有多重法律关系特征的无名合同。在具有信托性质的金融理财合同中，信托一旦有效成立，信托财产即从委托人、受托人和受益人的固有财产中分离出来而成为一项独立的财产。在金融理财法律关系中，受益人，即合同指向的收取理财利益的人，也可以是委托人。对受益人本身没有资格限制，它与委托人和受托人不同，不论是自然人或法人，不论有无民事行为能力的人，均可以承当信托关系中的受益人。由于金融理财纠纷均为因金融理财合同所引起，而只要是平等主体的法人、自然人或其他组织，具有相应的民事权利能力与民事行为能力，原则上均可以成为受益人。但法律规定禁止享受某些财产权的人，不能承当受益人。除享有受益权外，凡委托人享有的权利，受益人同样可以享有。受益人享受信托利益，也要尽有限的信托义务。如不能妨碍受托人正常进行和处理信托事务；在受托人处理信托事务中，对于不是由于受托人本身的过失导致的信托财产的损失，或按规定应交的开支，受益人有义务接受受托人提出的费用或补偿损失的要求。

受益人作为信托关系的当事人，与委托人或者受托人存在着密切的关系，在信托关系中，受益人通常为委托人指定的第三人。例如，在保险型和信托型金融理财合同中，就可以指定合同之外的第三人为受益人。但是，委托人也可以设立自益信托，即指定自已为唯一受益人，将财产权委托给受托人，由受托人为自己的利益管理和处分信托财产。综观各类信托性质的金融理财合同，多数情况属于自益信托，根据前面关于委托人的论述，受益人一般情况下指的就是委托人。按照我国《信托法》的有关规定，受益人可以是自然人、法人或者依法成立的其他组织。受益人作为权利主体，法律上一般要求其只要具备民事权利能力即可，而不一定具备民事行为能力。

2.2 金融理财合同的结构类型

综观我国目前的金融理财市场，现已问世的各类理财产品存在很多趋同

① 钟瑞栋、陈向聪：《信托法》，131 页，厦门，厦门大学出版社，2004。

因素，相似性极强。但不同的金融理财合同的侧重点仍有不同，不少理财产品对于银行、证券公司、信托公司等机构与客户之间的关系定位并不准确、不清晰，也就是说委托人与管理人之间的基础法律关系存在不确定性，导致理财风险负担不清晰。特别是各类金融理财合同在合同的结构类型上存在不小的差别，形形色色的金融理财合同的结构类型并不一致，具有不确定性。合同结构的不确定性必然给委托人与管理人预见其行为的法律后果带来很大的不确定性。因此，对各类金融理财合同的结构予以廓清，有利于明确合同双方的权利和义务，并对合同履行中出现的风险予以规范。

金融理财合同中金融机构的管理权主要包括理财资产使用权、投资决策权和投资资产的管理权，其中投资资产的管理权尤为重要。本书认为，在金融理财合同中，委托人投入的资产具有独立性，管理人不仅要将理财资产与自己的固有财产予以区分，而且还要将不同委托人的理财资产予以区分，对它们进行分别管理，以保障各个受益人的利益。如果理财资产都是货币，且管理方式相同，可以放在一起管理、运用，但必须分别计算。要求受托人对理财资产分别管理，这仅是从受托人管理、运用理财资产的角度，为维护受益人的利益而采取的措施。

金融理财合同涉及的投资财产管理权在不同结构合同中的具体管理模式不同，有的属于委托人自我管理，有的需要委托人将资产转移给管理人或者托管人管理。根据从事业务的不同，理财业务可以分为理财咨询业务和资产管理业务。理财咨询业务是指专业化理财机构向客户提供的财务分析与规划、投资建议、投资产品推介等专业化的服务，此种服务一般为一对一的理财服务；资产管理业务是指投资者（个人或企业）将财产委付给受托人（专业化的理财机构），由受托人按照自己的判断或是委托人的要求投资于有价证券、实业，以管理和运用财产的方式，达到资产保值、增值的目的。这种划分并不能解决金融理财合同的管理结构问题，但是前者属于典型的委托人自我管理理财资产的模式，其投资方向、资金使用和风险负担完全由委托人自己承担；在后者即资产管理业务中，应当将理财资产转移。本来属于委托人所有的资产，在移交给管理人管理后，应当独立于管理人的固有财产，管理人可以将受托财产进行单独管理，也可以将该财产按照合同约定由第三人托管。金融机构和投资者在金融理财活动中都需要对投资资金、资产进行管理。资产委托人可以在一定程度上参与委托资产的投资决策以及对委托资产进行动态监控，而参与的程度以及参与的方式要考虑资产的性质，依据受托人的资信状况、历史记录、规范程度等在不同的契约里加以确定。根据理财资产投向、投资资产运作的权力归属主体、资金和资产的保管人的不同，金融理财合同的结构类型基本可以分为单独管理结构、二元管理结构和客户直接管理结构三种。

2.2.1 单独管理结构

所谓单独管理结构，是指委托人在金融理财合同中将资产移交给管理人，其在约定的期限收取固定的利益，由管理人单独管理该资产，按照委托人的要求决定资金投向的管理模式。在金融机构单独管理结构下，往往按照合同约定，金融机构独自管理受托资产，资金往来可以通过客户在该金融机构开设的账户完成，客户也可以直接将资金、资产交给管理人，由管理人管理资产。下面以银行理财计划和保险理财产品为例予以分析。

银行的综合理财服务是指商业银行在向客户提供理财顾问服务的基础上，接受客户的委托和授权，按照与客户事先约定的投资计划和方式进行投资和资产管理的业务活动。根据投资是否保本及收益率是否确定，目前市场上普遍销售的银行理财产品大致可分为三类：储蓄型、结构型及衍生型。三大类理财产品的收益特征和风险暴露程度有着显著的差异。三者的预期收益均高于同期银行定期存款利率，其中衍生类理财产品的预期收益率最高但风险也最大，结构型产品居中，而储蓄型产品的预期回报率则相对较低。2005年11月1日起施行的《商业银行个人理财业务管理暂行办法》中并未明确要求将银行综合理财服务中的客户资金进行托管。对于可以由第三方托管的客户资产，应交由第三方托管。[①] 因此，客户的资金在目前情况下一般是由银行负责管理的，银行的综合理财服务合同属于单独管理结构。在综合理财服务活动中，客户授权银行代表客户按照合同约定的投资方向和方式，进行投资和资产管理，投资收益与风险由客户或客户与银行按照约定方式承担。

但是，商业银行开展个人理财业务，应建立相应的风险管理体系和内部控制制度，严格实行授权管理制度，不能随意挪用金融理财业务的资金。商业银行在管理客户资产的时候应将银行资产与客户资产分开管理，明确相关部门及其工作人员在管理、调整客户资产方面的授权。同时，商业银行应建立健全个人理财业务管理体系，明确个人理财业务的管理部门，制

---

① 《商业银行个人理财业务风险管理指引》第九条中的规定。

定综合理财服务的管理规章制度，明确相关部门和人员的责任。在资金的投资和使用上，商业银行销售理财计划汇集的理财资金，应按照理财合同的约定予以管理和使用。商业银行除对理财计划所汇集的资金进行正常的会计核算外，还应为每一个理财计划制作明细记录。从以上分析可以看出，商业银行的理财服务是由商业银行自己操作、单独管理的，只是理财资金的投资方向要受到理财合同的限制，至于这种单独管理的结构是否需要向二元制结构转变，须依今后实践的需要而定。本书认为，银行机构不同于证券、信托等金融机构，其本身具有更强的资金管理能力，只要保证做到银行其他资产账户和理财资金账户严格分开，商业银行理财合同的单独管理结构就可以继续施行。

保险理财产品兼具保险保障功能和理财功能，其与其他金融理财产品相比有很多不同点，如监管层对于保险理财产品的监管和规范相对要灵活一些，对资金门槛、收益状况、资金托管、业务隔离和管理费用等方面都没有明确的规定。目前，在中国市场上销售的投资类保险产品主要有分红保险、万能保险、投资连结保险三种。其中分红保险承诺客户享有固定的保险利益，万能保险承诺保底收益，投资连结保险不承诺保底收益。分红保险是指保险公司将经营净利润按照一定的比例向保单持有人进行分配的人寿保险产品，其主要特点在于，投保人除了可以得到传统保单规定的保险保障之外，还可以享受保险公司的经营成果，参与保险公司所得盈余的分配。万能保险，一般被定义为提供保费缴付的灵活性与身故给付的可调整性的保险产品，其主要提供两方面的功能：投资储蓄和保险保障。投保人所交保费被分为两部分，一部分用于保险保障，另一部分用于储蓄投资，这两部分额度设置的主动权在于客户，其可根据自身人生不同阶段的保障需求和财力状况，调整保额、保费以及缴费期，确保保障与投资的最佳比例，让有限的资金发挥最大的作用。相比较其他险种，万能保险的费用很透明，但是由于其要随时应对客户的保费、保额的变动，保险公司需要投入较多的管理资源，所以一般收取较高的管理费用，主要项目有“初始费用”、“风险保管费”、“管理费用”等。投资连结保险是一种投资型的保险险种，相对于传统寿险产品而言，除了给予生命保障外，还具有较强的投资功能。投资连结保险一般会把投保人所缴付的保费按照不同的比例分为两个账户，一般是较少部分的保费进入保障账户，用于体现产品的保障功能；其余较多的部分进入投资账户。投资账户中的资金将由保险公司的投资专家进行投资操作。投资连结保险的投资收益扣除管理费用后，基本上全部分摊到投资账户内，归客户所有。但与此同时，出现亏损等的投资风险也要由客户进行承担。在投资账户的设计上，不再强调投资的高收益而忽略可能的风险，普遍设置了风险收益各不相同的投资账户，允许客户根据自身的风险偏好来选择。从以上保险理财产品来看，其都是由客户将资金交给受托人即保险公司去管理，虽然客户可以自我选择投资产品和类型，但是目前产品运作模式下资产的管理功能，无论是资金的管理还是资金的投资方向，都是由保险公司单独行使的，因此属于单独管理结构。

2.2.2 二元管理结构

在金融理财合同中，二元管理结构是较为普遍的。所谓二元管理结构，是指委托人将资产转移给托管人和管理人，由托管人和管理人共同管理委托人资产的管理模式。在二元管理结构下，理财产品的投资管理人和资产托（保）管人或者监管人共同管理客户的理财资金和投资的金融产品。资产托管人可以通过签订三方协议进入金融理财合同中，也可以通过分别与客户和资产管理人签订托管合同而进入金融委托理财的法律关系中。在理财产品设计中，金融理财合同中的法律关系被划分为两类：保管关系和信托管理关系。二者在管理权限上有着明确的分工，且相互制约，目的是保障客户的投资安全。委托人可以以自己的名义开立资金账户和证券账户；也可以直接把资金资产交给管理人，由管理人开立资金账户和证券账户。两种做法的不同之处在于管理人以谁的名义理财，但是委托人和管理人在法律关系上都可以看做是信托管理关系，即由管理人负责使用被管理人客户的资金、资产去理财，以追求客户的利益和自己的利益最大化为目标，管理人可以获得管理费用和投资利润分成。在二元管理结构中，托管人往往由商业银行来担任，因为商业银行作为第三方，地位比较超脱，也可以因此收取一定的费用，具有较强的资金管理能力。商业银行相对于委托人来讲，属于资金的保管者，其作为托管人的主要职责有：为委托人设立专门账户，负责保管委托理财资金并执行管理人的投资指令划拨资金，从而监督管理人对资金的运作。其具有监督管理人资金使用方向，保证客户资金安全的作用，和委托人之间构成保管合同法律关系。

在二元管理结构的理财合同中，托管人和管理人共同管理客户资金，彼此之间也需要相互监督。托管人的违约行为往往与管理人的违约行为同时存在，共同导致了委托人损失的产生。托管人应当对由于其未尽监管义务所给委托人造成的损失承担补充赔偿责任。由于金融理财合同和委托监管合同是相互独立的，托管人和管理人的违约行为在无主观意思联络的情况下也是各自独立的，托管人基于委托监管合同承担违约责任，无论其责任基础还是责任范围，与受托人承担的责任都不相同。另外，由于在监管人承担责任的场合，其终局责任人往往还是受托人，除有证据表明托管人与管理人共同欺诈、恶意串通，从事内幕交易或操纵市场行为损害委托人的利益，托管人和管理人应承担连带赔偿责任的情况以外，托管人只应当承担相应的补充赔偿责任。

1. 证券公司理财计划结构分析

证券公司理财业务主要包括定向资产管理、集合资产管理和专项资产管理三类。三种业务都要求证券公司应当至少每 3 个月向客户提供一次准确、完整的资产管理报告，对报告期内客户资产的配置状况、价值变动等情况作出详细说明。证券公司应当保证客户能够按照资产管理合同约定的时间和方式查询客户资产配置状况等信息。发生资产管理合同约定的、可能影响客户利益的重大事项时，证券公司应当及时告知客户。① 证券公司办理定向资产管理业务，应当保证客户资产与其自有资产、不同客户的资产相互独立，对不同客户的资产分别设置账户、独立核算、分账管理。② 证券公司办理定向资产管理业务，应当按照中国证监会的规定对客户资产中的货币资金进行管理；客户有要求的，证券公司应当将客户资产交由资产托管机构进行托管。③按照上述规定，定向资产管理业务委托人有要求的，应当办理托管，没有要求的则可以不办理托管。因此，定向资产管理业务在上述两种情况下，可以由证券公司单独管理或者与银行共同管理投资资产。

证券公司集合资产管理业务的流程为：首先，证券公司根据自身的特点和业务需求作出理财计划，通过自己的销售渠道将其卖给投资者以获得集合资金，再将集合资金托管于有资质的商业银行；其次，证券公司根据理财计划和市场行情，作出投资决策，将集合资金投资于证券市场，进行投资组合，并定期向投资者披露投资收益状况；最后，理财计划到期时，证券公司

① 《证券公司客户资产管理业务试行办法》第四十八条第二款。

② 《证券公司客户资产管理业务试行办法》第四十九条。

③ 《证券公司客户资产管理业务试行办法》第五十一条。

根据投资经营状况进行投资收益的分配。从上述流程可以看出，在证券公司集合理财合同中，客户是将资金交给托管公司托管，委托证券公司予以投资管理，投资资金是按照证券公司事先作出的理财计划投资，属于典型的二元管理结构。

证券公司发起设立集合理财计划，须分户管理、独立核算，使用专门的席位，透明地接受监管部门、证券交易所、证券登记结算机构等各方的监管。此时的第三方一般为银行。针对证券公司集合管理计划，《证券公司客户资产管理业务试行办法》第五十条规定："证券公司办理集合资产管理业务，应当保证集合资产管理计划资产与其自有资产、集合资产管理计划资产与其他客户的资产、不同集合资产管理计划的资产相互独立，单独设置账户、独立核算、分账管理。"证券公司应当负责集合资产管理计划资产净值估值等会计核算业务，并由托管银行进行复核。委托人为防止证券公司将其委托资金挪作他用，往往要求证券公司将资金交与第三方托管，则受委托券商必须将委托资产交给商业银行等机构进行第三方托管，使委托资产在法律上、管理上与券商的自有资产相分离，有效地保护投资者的资产安全。《证券公司客户资产管理业务试行办法》第十三条规定："证券公司为多个客户办理集合资产管理业务，应当设立集合资产管理计划，与客户签订集合资产管理合同，将客户资产交由具有客户交易结算资金法人存管业务资格的商业银行或者中国证监会认可的其他机构进行托管，通过专门账户为客户提供资产管理服务。"托管银行应当按照《证券公司客户资产管理业务试行办法》的规定，为每一个集合资产管理计划代理开立专门的资金账户，账户名称为"集合资产管理计划"；同时，为每一个集合资产管理计划在证券登记结算机构（上海、深圳分公司）代理开立专门的证券账户，证券账户名称为"证券公司—托管银行—集合资产管理计划"。在集合资产管理计划设立完成、开始投资运作之前，任何人不得动用集合资产管理计划的资金。银行作为托管人，为委托人设立专门账户，负责保管委托理财资金并执行管理人投资指令划拨资金，从而监督管理人对资金的运作。银行如果未按约履行监管义务，给委托人造成损失的，也将承担相应的责任。在这一机制下，使得投资者可以安心地购买集合理财产品，而不必担忧再次发生挪用客户保证金的现象。

在证券二元管理结构的理财产品设计中，还有一种监管型理财合同，是指委托方与监管方约定，监管方负责监督受托方按照金融理财合同的约定对证券账户内的资金和证券进行委托理财行为的合同。[1] 这类理财合同的存在是为了保证受托方依约履行善管义务，保障客户的投资安全。在实务中，存在证券公司、期货公司或其分支机构与金融理财合同的双方当事人或一方当事人签订委托监管合同，约定证券公司、期货公司或其分支机构承诺对委托资产的交易账户进行监督管理的情形。证券公司、期货公司或其分支机构为理财合同当事人提供监管服务的业务在业界被称为“第三方监管”。在委托监管合同中，证券公司或其分支机构的监管义务主要有：监督受托人的资金投向，如不得投资于问题股票和高风险股票；监督托管账户以及保证金账户内的资金和证券的转移；约定平仓止损义务；等等。

2. 信托公司理财合同结构分析

在信托理财方面，信托投资公司对不同的资金信托，应建立单独账户进行核算，在银行、证券交易机构开设独立账户；信托投资公司办理集合资金信托业务，应将集合资金信托计划项下的信托财产交由合格的商业银行托管；信托公司管理信托财产应恪尽职守，履行诚实、信用、谨慎、有效管理的义务。信托公司依据本信托合同约定管理信托财产所产生的风险，由信托财产承担。信托公司因违背本信托合同、处理信托事务不当而造成信托财产损失的，由信托公司以固有财产予以赔偿；不足赔偿时，由投资者自担。《信托公司集合资金信托计划管理办法》第十九条规定：“信托计划的资金实行保管制。对非现金类的信托财产，信托当事人可约定实行第三方保管，但中国银行业监督管理委员会另有规定的，从其规定。信托计划存续期间，信托公司应当选择经营稳健的商业银行担任保管人。信托财产的保管账户和信托财产专户应当为同一账户。”商业银行作为保管人，其主要职责有：安全保管信托财产；对所保管的不同信托计划分别设置账户，确保信托财产的独立性；确认与执行信托公司管理运用信托财产的指令，核对信托财产交易记录、资金和财产账目；记录信托资金划拨情况，保存信托公司的资金用途说明；定期向信托公司出具保管报告。另外，遇有信托公司违反法律法规和信托合同、保管协议操作情况时，保管人应当立即以书面形式通知信托公司予以纠正；当出现重大违法违规或者发生严重影响信托财产安全的事件时，保管人应及时报告中国银监会。从上述相关规定可以看出，信托资产是由信托

① 吴庆保、赵培元、孟祥刚：《委托类合同裁判原理与实务》，86页，北京，人民法院出版社，2008。

公司管理并投资使用的，同时要求由第三方托管，信托理财的管理结构也属于二元管理结构。

3. 证券投资基金理财结构分析

在证券投资基金领域，基金的本意就是汇集众多分散投资者的资金，委托投资管理专家（如基金管理人），由投资管理专家按其投资策略，统一进行投资管理，为众多投资者谋利的一种投资工具。目前，国内基金公司面向公众投资者提供的产品主要分为开放式基金和封闭式基金两大类。基金管理公司发行基金份额，将投资者的资金汇集成基金，投资者、基金管理人、基金托管人通过基金契约的方式建立信托协议，确立投资者出资（并享有收益、承担风险）、基金管理人受托负责理财、基金托管人负责保管资金三者之间的信托关系。基金管理人与基金托管人（主要是银行）通过托管协议确立双方的责权。在我国，基金管理人必须由专业的基金管理人担任；基金托管人必须由合格的商业银行担任。基金管理公司需要进行独立核算，集合资产必须交由有资质的资产托管机构进行托管；基金管理人应当对其所管理的不同基金财产分别管理、分别记账，进行证券投资。我国《证券投资基金法》第二十五条规定："基金托管人由依法设立并取得基金托管资格的商业银行担任。"托管人的职责主要有：安全保管基金财产；按照规定开设基金财产的资金账户和证券账户；对所托管的不同基金财产分别设置账户，确保基金财产的完整与独立；等等。另外，基金托管人发现基金管理人的投资指令违反法律、行政法规和其他有关规定，或者违反基金合同约定的，应当拒绝执行，立即通知基金管理人，并及时向国务院证券监督管理机构报告；基金托管人发现基金管理人依据交易程序已经生效的投资指令违反法律、行政法规和其他有关规定，或者违反基金合同约定的，应当立即通知基金管理人，并及时向国务院证券监督管理机构报告。从上述相关规定可以看出，法律明确要求基金公司要和取得基金托管资格的商业银行签订资金托管协议，由基金公司和商业银行共同管理客户资金，属于二元管理结构。

2.2.3 客户直接管理结构

客户直接管理结构，是指在金融理财合同中，委托人并不将资产转移给管理人，由委托人自己管理并自主决定资产投向的管理模式。在客户直接管理结构下，金融机构所担负的主要义务是为客户提供投资的"分析"、"规划”、“建议”等服务，并不对客户的资产进行实际的管理和处分，也不承担客户的投资风险。

在这种情况下，由于金融理财顾问合同是客户直接管理理财资金的理财合同，即银行向客户提供投资理财方面的咨询服务，为客户设计投资方案、提供投资的有关信息，除适当收取一定的手续费外，银行与客户之间并不存在具体的资金往来关系，银行也不为客户决定具体的投资方向或代理具体的投资行为。因此，金融机构（理财顾问）对客户的理财资金不具有管理的权限。金融机构不直接替代委托人进行操作，这种理财业务蕴涵的法律关系属于咨询顾问合同关系，就权利义务配置而言属于我国《合同法》第三百五十六条所规定的技术咨询合同。金融机构利用自身的专业优势为客户设计投资方案、提供投资的有关信息，提交研究报告和提供操作建议等投资理财方面的咨询服务。金融机构只能按一定的比例（从投资总额或投资收益中）或固定数额收取管理费，除此之外，金融机构与客户之间并不存在具体的资金往来关系，银行也不为客户决定具体的投资方向或代理具体的投资行为。商业银行开展个人理财顾问服务，应根据不同种类个人理财顾问服务的特点，以及客户的经济状况、风险认知能力和承受能力等，对客户进行必要的分层，明确每一类个人理财顾问服务适宜的客户群体，防止由于错误销售而损害客户的利益。

在证券、期货领域，也存在理财咨询服务。证券、期货投资咨询，是指从事证券、期货投资咨询业务的机构及其投资咨询人员为证券、期货投资人或者客户提供证券、期货投资分析、预测或者建议等直接或间接有偿咨询服务的活动，如接受投资人或者客户委托，提供证券、期货投资咨询服务；通过电话、传真、电脑网络等电信设备系统，提供证券、期货投资咨询服务。2006年初下发的《关于基金管理公司向特定对象提供投资咨询服务有关问题的通知》，使基金公司获准开展投资咨询服务资格。在上述投资咨询服务中，存在共同的特点，即提供理财服务的机构只是为客户提供投资的“分析”、“规划”、“建议”等服务，而不为客户进行具体、实质的资产管理。客户是否接受这些投资建议，以及如何进行投资，是客户自己的行为，其投资资金使用、投资方向及投资盈亏完全由自己负责，因此属于完全的客户直接管理结构。

2.3 小结

金融理财合同的利益主体主要包括委托人与资产管理人。委托人就是接受金融理财服务的普通社会成员，资产管理人主要是指各类金融机构。由于各类金融机构的经营资格、经营范围不同，其所提供的理财服务有很大不同，目前能够开展资产管理业务的金融机构主要包括证券公司、信托投资公司、基金管理公司（公募基金）、商业银行和保险公司五类。另外，同其他合同相比较，由于金融理财合同在合同性质上具有多元化的特点，因此还涉及托管人和受益人的问题，托管人属于金融理财合同的一类特别主体，主要指商业银行；受益人可以作为金融理财合同的利益相关人存在，在金融理财合同中主要是指委托人自己。

投资资产的管理权是金融理财合同权利体系中的核心，而投资财产管理权在不同结构合同中的具体管理模式也不同，有的属于委托人自我管理，有的需由委托人将资产转移给管理人或者托管人管理。根据从事业务的不同，理财业务可以分为理财咨询业务和资产管理业务。理财咨询业务是指专业化理财机构向客户提供的财务分析与规划、投资建议、投资产品推介等专业化的服务；资产管理业务是指投资者（个人或企业）将财产委付给受托人（专业化的理财机构），由受托人按照自己的判断或是委托人的要求投资于有价证券、实业以管理和运用财产，从而达到资产保值、增值的目的。这种划分并不能完全解释金融理财合同的管理结构，但是前者属于典型的委托人自我管理理财资产的模式，其投资方向、资金使用和风险负担完全由委托人自己承担；在后面的资产管理业务中，应当将理财资产转移。本来属于委托人所有的资产，在移交给管理人管理后，应当独立于管理人的固有财产，管理人可以将受托财产进行单独管理，也可以将该财产按照合同约定交由第三人托管。金融机构和投资者在金融理财活动中都需要对投资资金、资产进行管理。资产委托人可以在一定程度上参与委托资产的投资决策以及对委托资产进行动态监控，而其参与的程度以及参与的方式，要考虑资产的性质，依据受托人的资信状况、历史记录、规范程度等在不同的契约里加以确定。根据理财资产投向、投资资产运作的权力归属主体、资金和资产的保管人的不同，可以将金融理财合同的结构类型划分为单独管理结构、二元管理结构和客户直接管理结构三种。

第3章 金融理财合同的基本法律关系

3.1 影响金融理财合同权利义务配置的基本要素

3.1.1 风险负担及风险管理的影响

金融机构对现代经济和金融的稳健良好运行起着关键性的作用，正如经济学家彼德·伯恩斯坦所概括的，“管理风险的能力，以及进一步承担风险以做长远选择的偏好，是驱动经济系统向前发展的关键因素”。[①] 金融理财合同从金融学的角度看就是一种风险管理工具，而金融理财合同的不同风险负担类型对于其权利义务配置又会产生重大影响。可以说，金融理财合同当事人的核心权利义务关系是随金融理财合同风险负担类型的不同和风险管理的不同要求而发生变化的。

1. 金融理财合同风险负担类型的影响

本书在第1章中关于金融理财合同的分类部分提到，根据合同当事人对于合同本金和收益在委托人和管理人之间投资风险负担分配的不同，可以将金融理财合同分为风险转移型、风险分（共）担型和风险自担型三类。这三类理财合同在合同权利义务配置上的差异主要表现在管理人到期支付义务的确定性、波动幅度和投资者对理财过程中购入的关联金融资产的处置权等方面。风险转移型金融理财合同管理人到期支付义务的确定性最为刚性，在合同订立时到期支付的数额就已经确定。风险分（共）担型金融理财合同管理人到期的支付义务相对确定，如在银行理财业务中按照保本浮动收益理财计划签订的金融理财合同中，银行到期支付本金的义务是确定的，而收益的支

① 赵志宏：《银行全面风险管理体系》，355页，北京，中国金融出版社，2005。

付则要依赖于管理人的经营效果。风险自担型金融理财合同管理人的支付义务是不确定的，须完全根据理财产品的投资收益情况而定，而理财顾问合同中没有明确规定管理和支付的义务。

2. 风险管理要求的影响

金融机构和投资者面临的金融风险（Financial Risk）主要有市场风险（Market Risk）、信用风险（Credit Risk）、流动性风险（Liquidity Risk）和操作风险（Operation Risk）等。金融机构和投资者在金融理财活动中都需要对金融风险进行管理。针对不同金融风险采取的管理方式和途径同样会对金融理财合同的权利义务配置产生影响。

（1）市场风险。根据《巴塞尔新资本协议》中的有关规定，市场风险是指由于市场价格（如利率、汇率、股价或商品价格等）的不利波动导致的金融资产损失的可能性。根据引发市场风险的市场因子的不同，市场风险又可进一步细分为利率风险、汇率风险和股价风险等。由于金融机构的资产大部分是金融资产，利率的波动会直接导致其资产价值的变化，所以利率风险尤其重要。

金融理财合同中涉及市场风险管理的约定主要有两项内容：一是收益率的约定，二是投资资产组合的约定。

（2）信用风险。信用风险是指因借款人或交易对手违约而导致损失的可能性，因而又被称为违约风险（Default Risk）。更一般地，信用风险还包括由于债务人信用评级的降低，致使其债务的市场价格下降而造成的损失，即对手履约能力的变化造成的资产价值损失的风险，也可被称为履约能力风险。

信用风险管理对金融理财合同的影响主要是通过限定投资金融产品的信用评级，从而提高理财资金投向的安全。如中国农业银行的《代客境外理财业务委托协议（境内居民）》中规定：代客境外理财业务指在境外进行的规定金融产品的投资。规定金融产品指中国银行业监督管理委员会颁布的《商业银行开办代客境外理财管理业务暂行办法》和《中国银行业监督管理委员会办公厅关于商业银行开展代客境外理财业务有关问题的通知》等规范性文件规定的金融产品。而按照上述文件，商业银行通过综合理财服务方式开展代客境外理财业务时，应按照审慎经营的原则，投资于境外固定收益类产品，包括具有固定收益性质的债券、票据和结构性产品，并应在理财产品的销售合同中向客户明示理财资金的投资方向和主要风险。商业银行根据业务发展、分散或对冲风险等需要，确需投资非固定收益类、较高风险收益类产品的，在按照《商业银行个人理财业务管理暂行办法》的规定进行发售相关理财产品的申请或报告时，一律应附“投资特别说明”，详细说明拟投资的对象、主要风险及相应的风险处置和管控措施。同时，相关投资活动应符合国家有关法律法规和外汇管理部门的要求。商业银行通过综合理财服务方式开展代客境外理财业务时，不得直接投资于股票及其结构性产品、商品类衍生产品，以及BBB级以下证券。[①]

（3）流动性风险。流动性风险包括两种形式：市场（或产品）流动性风险和现金流（或资金）风险。前者是指由于市场交易不足而无法按照当前的市场价值进行交易所造成的损失；后者是指现金流不能满足债务支出的需求，从而发生损失的可能性。对于金融机构而言，流动性风险往往是指其持有的资产流动性差和对外融资能力枯竭，没有足够的现金支付到期债务而造成的损失或破产的可能性。

流动性风险的管理对金融理财合同的影响主要是合同通过限定投资金融产品的类型来完成，如要求管理人投资于流动性强的金融产品。此外，合同提前终止权的配置也会对流动性风险造成影响。

（4）操作风险。操作风险是指由于金融机构的交易系统不完善、管理失误、控制缺失、诈骗或其他一些人为错误而导致的潜在损失。例如，交易人员或风险管理人员使用了错误的模型，或模型参数选择不当，导致对风险或交易价值的估计错误而造成损失的可能性。

投资者对于理财管理人的操作风险主要通过金融理财合同中有关操作失误的责任承担条款来加以管理。理财管理人主要通过公司治理机制的完善和理财计划操作规程的规范管理来实现。如“深国投·星石1期证券投资集合资金信托计划”合同条款规定：受托人依据信托计划文件管理信托财产所产生的风险，由信托财产承担。受托人因违背信托计划文件、处理信托事务不当而造成信托财产损失的，由受托人以固有财产赔偿；不足赔偿时，由投资者自担。

---

① 《中国银行业监督管理委员会办公厅关于商业银行开展代客境外理财业务有关问题的通知》第六条第四款的规定。

3.1.2 合同性质的影响

在前面的章节中，我们把金融理财合同的性质定性为具有多种法律关系属性和独特权利义务构造的合同。而其中不同的法律关系定性必然会对合同当事人具体的权利义务配置提出不同的要求。当前各种理财产品的基础法律关系一般体现为以下三种：

1. 借贷关系

这类理财合同的特征：（1）投资风险最终由金融机构承担；（2）金融机构的收益来自于获得资金与运用资金的价格差（如存贷款利差）。其常态是受托方会在合同中以相应的条款保证一定期限内委托方资金不受损失前提下的固定收益。此种对投资收益进行许诺的约定方式，几乎将理财中的可转移风险完全转嫁给受托方，这种情况非常符合借款合同确定的本金、固定利息、确定期限及贷款人不承担借款人使用借款的任何风险的特征。如商业银行的保证固定收益理财计划。

以借贷关系为基础的理财合同，当事人双方一般在合同中约定，委托人将资产交由受托人进行投资管理，受托人无论盈亏均保证委托人获得固定本息回报，超额投资收益均归受托人所有（即约定保证本息固定回报条款）。法院在审理这类理财合同引发纠纷的案件时，经常认为其属于“名为委托理财、实为借贷关系”，应认定双方成立借款合同关系，以借款合同纠纷确定案由①，并适用相关法律、行政法规和司法解释的规定来确定当事人的合同权利和义务。

2. 委托关系

该类理财合同并不涉及客户的资金或财产权属的改变，金融机构只是按委托人的要求提供相应的服务，由客户承担投资风险。

该类理财合同在权利义务配置上的特征是：（1）客户资金及投资形成的财产属于客户所有，独立于金融机构，不属于金融机构的破产清算财产；而且不同客户之间的资金、资产也要严格分离。（2）客户资产由金融机构内部独立的部门存管，理财业务的资金运用、资金存管由不同的部门进行。（3）金融机构不得挪用客户的资产，否则金融机构及其工作人员应当承担相应的

① 高民尚：《关于审理证券、期货、国债市场中委托理财案件的若干法律问题（上）》，载《人民法院报》，2006－05－29。

法律责任，甚至可能构成犯罪。（4）理财资金的投资控制权由客户拥有，金融机构的收益只能来自于理财业务的手续费，不得通过合同约定享有任何理财的投资收益。①

3. 信托关系

该类理财合同通过设立信托，使客户资产独立于金融机构（受托人）和客户（信托人），由金融机构按照信托文件进行管理，如证券投资基金、资金信托计划等。在权利义务配置上，客户通过将资金存入以自己名义或者以受托人名义开立的资金账户的方式，将资金委托给受托方，且受托人是按照自己的意志来管理和运营受托财产的。委托人对理财资产及投资的金融资产的运营不再干预。受托人的权利远远多于大陆法系委托—代理关系中的代理人，受托人对理财资产及投资的金融资产享有占有、使用、处分的权利，具有名义所有权人的地位。

金融理财合同中当事人权利义务的配置主要依赖于其所涉及的基础合同关系。然而，各个不同的理财产品，其不仅仅包含基础的法律关系，还可能涉及其他性质的法律关系，因此权利配置也会有所改变。如我国目前的个人金融衍生交易产品主要有人民币理财产品和外汇汇率型或利率型期权产品，由于其通常与储蓄混合构成结构性储蓄存款，除委托关系外，还涉及信托法律关系及存款法律关系，并包含基础的咨询服务关系。对此，银行应特别注意存款关系与信托关系的转换条件和时间点，并依此确定双方的权利和义务。而实质为账户集合管理的综合理财金账户产品，可能涉及委托、咨询服务、行纪、信托、借贷、存款等法律关系，银行必须准确定性账户项下不同产品所涉法律关系。各个理财产品涉及的协议、资料，都应当根据其具体的条款内容所体现的法律关系来确定当事人的权利义务。②

3.1.3 管理结构的影响

金融理财产品的管理结构会影响到金融理财业务涉及的当事人数量、理财业务和投资产品的管理模式，进而决定法律关系的架构，当然更会影响当事人在合同中的权利义务配置。在客户直接管理结构、金融机构单独管理结构和二元管理结构下，理财资产投向、投资资产运作的权力归属主体是不同

① 陶玲：《金融机构理财业务的现状、问题及法律规范》，载《金融法苑》，2005（3），总第69辑。
② 王耀明：《银行法律实务报告》，307页，北京，法律出版社，2005。

的，资产的保管人也各不相同。

在客户直接管理结构合同下，金融机构所担负的主要义务是为客户提供投资的“分析”、“规划”、“建议”等服务，并不对客户的资产进行实际的管理和处分，也不承担客户的投资风险。如在银行理财顾问服务中，商业银行向客户提供财务分析与规划、投资建议、个人投资产品推介等专业化服务。[①] 在银行提供理财顾问服务的过程中，实际上银行和客户之间是以“技术咨询合同”作为法律关系的基本模式的。银行利用自己在理财、投资领域中的信息优势和理财经验，为有投资需求的客户提供有关投资组合、金融产品的选择、风险的评估与控制等技术指导服务，普通的资金持有者只需向银行支付报酬便能享受银行的投资指导。向客户提供投资信息和技术这种特定行为，是商业银行和客户在理财顾问合同中的合同标的。银行是技术咨询合同中的受托人，其主要的义务是按照约定的期限和质量完成咨询，而其主要的权利则是收取报酬。而客户作为委托人，则负有提供银行所需的必要的资料、支付报酬的义务，其主要的权利是享用银行提供的投资咨询方案和成果。在理财顾问服务中，银行只要提供了符合约定的咨询报告和解答后，对客户的投资损失是不应当承担责任的。

在银行信贷资产管理业务和证券公司单一客户定向资产管理业务中，客户可以要求对资产进行托管。客户未作要求的，就可以采用金融机构单独管理结构。在金融机构单独管理结构下，金融机构独自管理受托资产，资金往来通过客户在该金融机构开设的账户完成。单独管理结构下的资金投向是由客户决定或经金融机构居间介绍由客户决定的。金融机构只是对客户的投资进行一定的监管和办理相关资金进出手续。其权利配置介于二元管理结构中的投资管理人和资产托（保）管人之间。如国家开发银行的《委托管理资产（信贷）协议》规定，甲方委托乙方（国家开发银行）管理其与丙方签订合同、发放贷款而形成的信贷资产；乙方接受甲方委托根据本协议管理委托管理资产，监督委托管理资产的使用，并协助回收借款本息和其他相关债权。

理财产品的管理结构最普遍的是二元管理结构。在二元管理结构下，理财产品的投资管理人和资产托（保）管人共同管理客户的理财资金和投资的金融产品。二者在管理权限上有着明确的分工，且相互制约，以保障客户的投资安全。“深国投·星石1期证券投资集合资金信托计划”的规定如表3－

① 《商业银行个人理财业务管理暂行办法》第二章第八条的规定。

1所示。

表3-1　"深国投·星石1期证券投资集合资金信托计划"部分规定

（七）信托计划财产的保管 1. 本信托计划财产所投资的证券品种保管在中国证券登记结算有限责任公司。 2. 本信托计划项下的货币资金保管在保管银行。 3. 其他资产由受托人决定是否保管及相应保管方式。 （八）信托计划专户的管理 1. 本信托计划的信托计划专户包括信托计划专用银行账户、证券账户和资金账户。 2. 受托人必须开设信托计划专用银行账户对信托计划资金进行单独管理。 3. 受托人必须开设信托计划专用证券账户进行证券投资操作。 4. 受托人不得假借本信托计划的名义开立其他账户，亦不得使用本信托计划项下的信托计划专户进行本信托计划以外的任何活动。 5. 为了提高信托计划财产管理的透明度，保障受益人的利益，保管银行对信托计划专用银行账户进行保管，并根据与受托人签署的保管合同的约定对信托计划专用银行账户予以监督。证券经纪人根据与受托人、保管银行签署的证券经纪服务协议对信托计划专用证券账户予以监督。

由上述内容可知，在二元管理结构的理财产品设计中，金融理财合同中的法律关系被划分为两类：保管关系和信托管理关系，并基于这种划分在不同管理人之间配置金融理财合同的权利和义务。

二元管理结构的理财产品设计中还有一种监管型理财合同。尽管金融理财合同通常是以委托人和受托人双方的高度信任为基础，但实践中有相当一部分理财合同的签订是监管人为客户融资提供居间服务的结果，即理财合同双方当事人以监管人的居间介绍作为缔约基础。证券公司、期货公司或其分支机构为理财合同当事人提供监管服务的业务在业界被称为"第三方监管"。产生第三方监管的根本原因在于委托人和受托人的信息不对称，委托人为保护自身利益，常常要求具备信息和技术优势的证券、期货公司为其提供监管服务。在金融理财监管合同实务中，监管人的监管职责通常约定为：监督受托资产移转和处置、监督投资方向、通知重要事项、强行平仓、资产移交和收益清算等监管义务。具体而言，监管人应监督托管账户以及保证金账户内的资金转出和有价证券转移；监督双方不得办理撤销指定交易、转托管、挂失、销户、非交易过户、划出资金，不得将托管账户上的股票和现金进行抵押、质押、担保；监督受托人的投资方向，如不得投向ST股等；当监管账户中的股票、资金市值达到合同约定的界线时，应通知委托人和受托人，通知追加保证金，将受托资本管理运作中的重大事项及时通知客户；当账户内资金余额和股票市值之和低于平仓线且受托人未能在规定时间内补足，应当及时通知委托人并协助委托人采取平仓措施，或者授权证券公司有权强行平仓；在委托人和受托人之间依约办理委托资产的移交和收益的清算手续等。[①]

3.1.4 效率机制的影响

金融理财合同是保证有关理财资产控制权和剩余索取权分配的一整套管理制度、报酬制度等的合约安排。金融理财合同的制度安排应该是以保护理财投资者的利益为中心，对金融理财合同当事人之间的权利和义务进行合理的配置，投资者通过其中间授权组织来选择、监督和激励理财管理人的制度安排。

金融理财合同的核心问题应该是理财资产剩余控制权与剩余索取权的配置。一方面，从生产效率原则来讲，剩余控制权应该配置给那些拥有信息优势并有较高决策能力的一方。作为理财管理者的金融机构在掌握了充分、及时的市场信息的同时，具有专业化的决策能力，因而理所当然地拥有对理财资产的剩余控制权。另一方面，从分配效率原则来看，剩余控制权应当配置给那些承担风险的人，因而风险自担型理财合同的投资者应当拥有剩余控制权。与此相对应，剩余索取权也应在投资者和理财管理者之间进行分配，投资者因自己的投资行为承担理财产品运作的风险，也必然应该享有剩余索取权。同时，理财管理者也应享有一定的剩余索取权，以形成一个良性的激励机制。

可以看出，剩余控制权与剩余索取权尽可能对应的最理想状态是既是理财管理者又是投资者。这种安排被认为是古典企业的产权契约安排：负担经营决策的企业家没有非人力资本就不可能成为一个真正的承担风险的剩余索取者；企业的性质又决定了企业家拥有控制权，因而在此时最优的产权契约必然要求一个既是非人力资本拥有者的资本家，又是有经营能力的企业家的合二为一。然而，当一个人同时拥有最大化财富和最佳经营才能无法实现的时候，我们就在拥有资本的资本家与拥有经营才能的企业家的结合中，寻求生产效率与分配效率的优化与平衡。因此，剩余控制权与剩余索取权只能在投资者和理财管理者之间根据金融理财合同的不同类型加以分配。

---

① 彭冰：《委托理财中受托人的责任》，载《金融法苑》，2005（3），总第69辑。

3.2 风险自担型金融理财合同的权利义务配置

风险自担型金融理财合同包括两类：理财顾问合同和非保本浮动收益理财合同。按照《证券公司客户资产管理业务试行办法》第四十一条第二款的规定，证券公司从事客户资产管理业务，不得向客户作出保证其资产本金不受损失或者取得最低收益的承诺；按照《信托公司集合资金信托计划管理办法》第八条第一款的规定，信托公司推介信托计划时，不得以任何方式承诺信托资金不受损失，或者以任何方式承诺信托资金的最低收益。因此，证券公司客户资产管理业务和信托公司集合资金信托计划的理财合同只能是风险自担型的非保本浮动收益理财合同。在风险自担型的非保本浮动收益理财合同中，一般都规定有风险由客户承担的条款。如兴业银行代客境外理财产品"环球理财2号—港股基金宝"协议书中就规定：甲方授权乙方根据兴业银行代客境外理财产品"环球理财2号—港股基金宝"说明书的约定，对甲方的资金进行运作，投资风险由甲方承担。投资风险包括但不限于市场风险、信用风险等。[①]

3.2.1 金融理财顾问合同的权利义务配置

金融理财顾问业务是金融机构不直接替代委托人进行操作，只是利用其自身的专业优势向委托人提交研究报告和操作建议，按一定的比例（从投资总额或投资收益中）或固定数额收取管理费。这种方式的经营风险全部由委托人承担，盈利绝大部分归委托人，金融机构只收取较少的管理费用。

金融理财顾问合同是客户直接管理理财资金的理财合同。因此，金融机构（理财顾问）对客户理财资金不具有管理的权限。金融理财顾问在合同中的主要权利是收取理财服务费。其主要义务是向客户提供财务规划、投资顾问、投资产品推介等服务。由于理财活动受个人财务状况、风险承受能力等因素的影响很大，金融理财顾问在提供顾问服务时还附有调查评估义务，即应首先调查了解客户的财务状况、投资经验、投资目的，及其对相关风险的认知和承受能力，评估客户是否适合购买所推介的产品，并将有关评估意见告知客户。在实践中，很多金融机构把金融理财顾问业务作为其他理财业务

---

① 其中甲方为理财客户，乙方为兴业银行股份有限公司。

的附属品处理，往往成为一份从属合同或其他理财合同中的条款。如中国光大银行“阳光理财”计划就根据客户委托理财的资金量提供不同内容的理财顾问服务，并且免收服务费。金融理财顾问合同就权利义务配置而言属于《合同法》第三百五十六条所规定的技术咨询合同，应适用技术咨询合同的规定来处理当事人之间的法律关系，本书讨论重点不在于此，故不作具体分析。

3.2.2 非保本浮动收益理财合同的权利义务配置

非保本浮动收益理财合同是指金融机构根据约定条件和实际投资收益情况向客户支付收益，但并不保证客户本金安全的理财合同。

1. 管理人的权利配置

非保本浮动收益理财合同中担任理财管理人的金融机构的权利包括理财计划管理权、理财服务收益权、理财合同变更权和理财资产托管人的选任权四类，但具体内容与其他类型的金融理财合同有所不同。由于二元管理结构是非保本浮动收益理财合同的主流，本书就以二元管理结构下的非保本浮动收益理财合同（包括以银行、证券公司和信托公司为理财管理人的金融理财合同）为样本来分析。

（1）理财计划管理权。理财计划管理权主要包括理财资金使用权、投资决策权和投资资产的管理权。

① 理财资金使用权和投资决策权。理财资金使用权和投资决策权是两项关联性的权利，前者意味着担任理财管理人的金融机构可以直接划拨、支付理财资金；后者意味着金融机构有权选择资金投向。但金融机构对资金的使用和投资范围必须受到具体理财产品合同对投资范围限定的限制。

如兴业银行代客境外理财产品“环球理财 2 号—港股基金宝”协议书规定，乙方（兴业银行）作为甲方的投资管理人，根据自身的市场运作经验以及甲方的投资偏好、投资目标，为甲方设计资产投资方案。甲方授权乙方根据兴业银行代客境外理财产品“环球理财 2 号—港股基金宝”说明书的约定，对甲方的资金进行运作，投资风险由甲方承担。

北京银行人民币理财合同条款规定，银行根据本合同的约定，独立运作理财产品的资产；在本合同允许的范围内，管理和运用客户资金并自行确定及调整信托资金的具体运用方式、办理相关交易。

中国光大证券股份有限公司的“光大阳光 2 号集合资产管理计划资产管

理合同”规定，根据本合同的约定，（管理人）独立运作集合计划的资产。同时合同还规定了投资的范围和资产组合比例：本计划投资标的物为国内依法公开发行的各类证券投资基金，包括开放式基金（包含ETF和LOF）和封闭式基金。本计划也可以投资于管理人、托管人所控股或者参股的基金管理公司所募集的基金，但投资于此类基金品种的总额不得超过计划资产净值的3%。因证券市场波动、投资对象合并、集合资产管理计划规模变动等外部因素致使集合资产管理计划的组合投资比例不符合集合资产管理合同约定的，管理人将在十个工作日内进行调整。

国泰金鹰增长证券投资基金基金契约规定，基金管理人自本基金成立之日起，依法独立运用基金资产并独立决定其投资方向和投资策略。

② 投资资产的管理权。投资资产的管理权是指担任理财管理人的金融机构对其投资所获取的金融资产行使投资人的权利。《证券公司客户资产管理业务试行办法》第四十条规定：“证券公司代表客户行使集合资产管理计划所拥有证券的权利，履行相应的义务。”如理财管理人用理财资金买入某上市公司股票，那么理财管理人就有权行使买入股票上的股东权，参加股东大会、进行表决等，但是投资资产的收益应当纳入理财收益中，如股权的分红派息就要计入理财收益。[①] 投资资产的管理权还包括基于投资资产受到侵害而产生的索赔、求偿权利。

中国光大证券股份有限公司的“光大阳光2号集合资产管理计划资产管理合同”规定，管理人行使集合计划资产投资形成的投资人权利；管理人在集合计划资产受到损害时，向有关责任人追究法律责任。

中国农业银行的“代客境外理财业务委托协议（境内居民）”中规定，管理人以具体产品投资管理人身份行使因代客境外投资产生的权利；以具体产品投资管理人名义代表甲方（客户）通过诉讼或其他法律手段维护甲方权益。

北京银行人民币理财合同条款规定，银行根据本合同的约定，行使理财产品资产投资形成的投资人权利，当理财产品资产受到损害时，依法追究有关责任人的法律责任。

---

① 例外的情形是证券公司定向资产管理业务，根据《证券公司客户资产管理业务试行办法》第三十九条第一款的规定，证券公司办理定向资产管理业务，由客户自行行使其所持有证券的权利，履行相应的义务。

国泰金鹰增长证券投资基金基金契约规定，基金管理人代表基金对所投资公司行使股东权利。

（2）理财服务收益权。金融机构为客户进行金融理财服务，以有偿为原则。理财服务收益是金融理财合同的基本对价之一，是金融机构提供理财服务的基本目的和回报。在金融理财合同中，金融机构的理财服务收益来源主要有两类：管理费和投资收益分成。理财服务收益权也主要针对管理费和投资收益分成。但是金融机构对于管理费和投资收益分成是合并计算收取还是分别计算收取，在实践中做法不一。当然，报酬计算和给付的形式是可以由金融机构和客户约定的。但是在约定之后，客户应当依约给付报酬，金融机构有权收取报酬。

如北京银行人民币理财合同条款规定，最终实现的投资年化收益率高于预期理财年收益率（该收益率的计息方式与信托贷款下的贷款利息计算方式相同，即按中国人民银行有关规定执行）的部分为银行收取的银行管理费，如实际收益未能超过上述预期收益，则银行不收取银行管理费。

中国农业银行“代客境外理财业务委托协议（境内居民）”规定，投资管理人按理财计划书约定费用结构和收费方式，收取手续费、投资管理费及其他符合法律法规规定或双方约定的费用，对甲方（客户）应付费用或其他款项，乙方（投资管理人）有权从甲方账户中扣收。

国泰金鹰增长证券投资基金基金契约规定，基金管理人依照基金契约的规定，获取基金管理费。

中国光大证券股份有限公司“光大阳光2号集合资产管理计划资产管理合同”对管理费的收取规定得更为详尽：“本计划自成立之日起计提管理费。本计划的管理费按前一日计划资产净值的0.5%年费率计算。计算方法如下：H = E ×0.5% ÷当年天数（H为每日应计提的管理费，E为前一日计划资产净值）。管理费每日计提，按月支付。由管理人向托管人发送管理费划付指令，托管人复核后于次月首日起5个工作日内从计划资产中一次性支付给管理人。”

（3）金融理财合同的变更权。金融理财合同的变更权主要是指理财管理人对理财计划期限变更以及终止的权利。多数金融理财合同规定，作为理财管理人的金融机构有权变更或终止理财计划。并非所有的金融理财合同都给予理财管理人理财合同的变更权。

如中国农业银行的“代客境外理财业务委托协议（境内居民）”规定，

理财管理人在募集期间出现不利于产品发售的情况或产品发售额提前达到募集目标时，有权决定继续、暂停或停止发售；有权依据本协议约定决定具体产品能否起息，行使理财计划书约定的提前终止权。

金融理财合同的变更权在权利性质上属于民法上的形成权。形成权是由一个特定的人享有的、通过其单方行为性质的形成宣告来实施的、目的在于建立一个法律关系，或者确定一个法律关系的内容，或者变更一个法律关系，或者终止或者废止一个法律关系而导致权利关系发生变动的权利。① 金融理财合同的变更权是理财管理人根据合同约定的条件，通过单方面的意思表示对理财计划期限予以变更及终止，从而引起委托理财法律关系的变动。形成权系属一种辅助的权能。② 因此，金融理财合同的变更权在金融理财合同中是不影响合同性质的可选择的权利配置。

（4）理财资产托管人的选任权。非保本浮动收益理财合同中有许多二元管理结构的理财合同。相关管理规定也多要求采取这种二元管理结构开展理财业务。如《信托公司集合资金信托计划管理办法》第十九条规定："信托计划的资金实行保管制。对非现金类的信托财产，信托当事人可约定实行第三方保管，但中国银行业监督管理委员会另有规定的，从其规定。信托计划存续期间，信托公司应当选择经营稳健的商业银行担任保管人。信托财产的保管账户和信托财产专户应当为同一账户。"《证券公司客户资产管理业务试行办法》第十三条规定，证券公司为多个客户办理集合资产管理业务，应当设立集合资产管理计划，与客户签订集合资产管理合同，将客户资产交由具有客户交易结算资金法人存管业务资格的商业银行或者中国证监会认可的其他机构进行托管，通过专门账户为客户提供资产管理服务。该办法第五十一条规定："证券公司办理定向资产管理业务，应当按照中国证监会的规定对客户资产中的货币资金进行管理；客户有要求的，证券公司应当将客户资产交由资产托管机构进行托管。"

在实践中，这种二元管理结构的金融理财合同往往通过合同条款规定由担任管理人的金融机构来选任理财资产托管人，而不是由客户指定或协商确

---

① ［德］卡尔·拉伦茨、曼弗瑞德·沃尔夫著，孙宪忠译：《德国民法中的形成权》，载《环球法律评论》，2006（4）。

② ［德］Hans Dolle：《法学上之发现》，王泽鉴译，《民法总则论文选萃》，86页，北京，中国法制出版社，2004。

定。虽然国家在法规上对于理财资产托管人的资格作出了限定，如要求其为“具有客户交易结算资金法人存管业务资格的商业银行或者中国证监会认可的其他机构”。但是，在二元管理结构下，由于理财管理人和理财资产托管人之间存在相互监督的关系，设置理财资产托管人的目的有时是为了更好地确保客户资产和资金安全，杜绝管理人挪用客户资产和资金状况的发生。由管理人选任理财资产托管人的合同权利配置有可能会降低这种二元管理结构下的相互监督和制约机制。

2. 理财管理人的理财义务

在金融理财业务中，作为理财管理人的金融机构在享有权利的同时要负担管理人的义务。理财管理人履行理财义务的基础是理财管理人与客户之间的信赖关系。在英美法系中，判断当事人之间是否存在信赖关系通常采用三种标准：信任标准、承诺标准和脆弱性标准。[①]

所谓信任标准，就是指如果一方信赖另一方，而另一方滥用了这种信赖，那么法院将对前者予以救济。而客户对理财管理人的信赖主要体现在两个方面：一是对理财管理人理财能力的信任，投资者之所以愿意申购理财产品，正是相信金融机构作为专家理财能够比自己理财带来更好的效益。二是对理财管理人职业操守的信赖，只有在投资者认为现有的法律环境和理财管理人的信用表现足以保证自己在签订理财合同后不会因为理财管理人的道德风险而使自己的投资遭受损失的情况下，才会放心地委托金融机构理财。

承诺标准是指被信任者是承诺代表他人利益而行事的人，至于这种承诺是否采取契约形式、是否无偿则无关宏旨。[②] 理财管理人与客户订立理财合同之时便已明确承诺了为客户利益而从事投资活动，因此符合承诺标准。

脆弱性标准是指当事人双方之间存在一方的强势，强势一方能够以自己独立的行为来改变对方的法律地位，而相对方只能承受这种不利后果。在客户与理财管理人之间，客户无疑属于弱势的一方。首先，理财管理人对理财资产享有广泛的管理权，而客户无法对其在法律规定范围内的投资活动施加干预；其次，理财管理人管理运用理财资产的信息透明度较低，理财管理人与投资者之间的信息不对称；最后，在理财合同的履约活动中，缺乏有效的外部管理机制使得投资者能够对金融机构的理财活动予以有效的监督。

① 王苏生：《证券投资基金管理人的责任》，17～21 页，北京，北京大学出版社，2001。

② FINN, “Fiduciary Obligations”, Sydney: Law Book Co., 1977, p467.

可见，理财管理人符合上述的三个标准，因此其在管理运用理财资产时对客户负有信赖义务，这种信赖义务的内容和程度远远高于一般的管理者。正如大法官卡多佐（Gardozo）所言，在工作环境毫无联系的情形下可能被允许的很多形式的行为，也许按照信赖义务来约束却是受到禁止的……对此已经形成了一个不容动摇的、根深蒂固的传统。[①]

基于信赖义务，理财管理人作为受人之托、代人理财的投资专家，应负有积极勤勉的注意义务和防避利益冲突的忠实义务。投资者将资金委托给理财管理人是基于对其拥有的专业的投资知识的信赖，希望通过运用其专业知识给自己带来丰厚的回报。因此，理财管理人在负责理财产品投资的具体操作时，应当尽到一个专业投资者应有的注意，同时还须避免因自身权力滥用而损害投资者的利益。我国相关金融法规也明确理财管理人负有这种信赖义务。如《商业银行个人理财业务管理暂行办法》第四条规定："商业银行应按照符合客户利益和风险承受能力的原则，审慎尽责地开展个人理财业务。"《信托公司集合资金信托计划管理办法》第四条规定，信托公司管理、运用信托计划财产，应当恪尽职守，履行诚实信用、谨慎勤勉的义务，为受益人的最大利益服务。《证券公司客户资产管理业务试行办法》第三条规定："证券公司从事客户资产管理业务，应当遵循公平、公正的原则，维护客户的合法权益，诚实守信，勤勉尽责，避免利益冲突。"除此之外，基于理财合同双方信息不对称的状况，理财管理人还负有风险揭示等信息披露义务。

（1）忠实义务。理财管理人的忠实义务属于专家的忠实义务，是指专家应为委托人的最大利益而实施行为，不得同时追求第三人或自己的利益。[②]忠实义务要求理财管理人在从事委托理财的过程中，应当以客户的利益为重，在客户的利益同自己的利益发生冲突的情况下，不可将自身的利益置于客户的利益之上。在理财合同履行过程中，理财管理人的忠实义务主要表现为资产隔离义务、保密义务和自我交易的禁止。

资产隔离义务主要通过分账管理制度和分别管理制度来实现。分账管理要求银行将自有资产与客户资产相分离，进行独立运作。以避免其利用客户资产为自己谋取利益或是转嫁损失。分别管理是针对同一金融机构的不同的理财计划而言的。分别管理要求各个理财计划应当有自己独立的账户，进行

---

① Meinhard v. Salmon，249N. Y. 458，464，164 N. E. 545，546（1928）.

② 张新宝：《侵权责任法原理》，221页，北京，中国人民大学出版社，2005。

封闭的运作。我国《信托法》第二十九条规定："受托人必须将信托财产与其固有财产分别管理、分别记账，并将不同委托人的信托财产分别管理、分别记账。"很多理财合同对资产隔离义务也以合同条款加以明确约定，如北京银行人民币理财合同条款规定，银行对本期理财产品资产单独设置账户，独立核算、分账管理，保证其与银行自有资产、其他客户资产、其他理财产品资产相互独立。

在二元管理结构下，资产隔离义务还意味着理财管理人在选择理财资产托管人时要保证理财资产托管人在业务上的独立性。各国（地区）的法律一般都强调理财资产（如信托投资基金）的独立保管，特别是要与理财管理人的资产处于分离状态。国际证监会组织（IOSCO）《集合投资计划监管原则》第二原则对这种独立性提出了要求：托管人在业务上应当独立于管理人，并且按照投资人的最大利益行事。同时，监管体制必须寻求保全基金财产物理上和法律上的完整，将基金资产与管理资产、其他资产及保管人资产相分离。①

理财管理人负有专家的保密义务，即应保守在执业活动中所知悉的委托人的商业秘密和个人隐私②，具体而言就是保守客户理财账户秘密的义务。在英美法系中，保密义务的理论基础是衡平法的一条原则，即"知道秘密信息的人不应不当地利用该信息"。受信任的知密者绝不能在没有得到告密者同意的情况下损害告密者的利益。例如，在 Seager v. Copydex 案中，法官丹宁在审理该案时说，根据衡平法，一个人秘密地获取了信息，他不能不公正地利用该信息。他绝不能在没有获得给予他信息的人的同意的情况下，损害他（给予他信息的人）的利益而使用该信息。③

在金融理财活动中，作为理财管理人的金融机构掌握了客户的账户、相关交易等涵括客户金融资产状况的各方面信息资料。而客户在金融机构的这些信息资料就是其个人信息的一个组成部分，这些信息资料的安全性越来越受到金融机构众多客户的关注，金融机构对客户信息资料负有保密义务也是长期以来形成的惯例。金融机构的保密义务为大多数国家所承认与接受，该义务要求未经客户明示或默示的同意，金融机构不得披露客户的账户、交易

① IOSCO Principles for CIS（Regulation for collective investment schemes）.

② 张新宝：《侵权责任法原理》，221 页，北京，中国人民大学出版社，2005。

③ Seager v. Copydex［1967］1 W. L. R. 923 at 931，http：//www. westlaw. com.

以及其他金融状况。

最初，金融机构的保密义务被视为金融机构与客户之间契约的默示条款，即无论双方在契约中是否明确约定，金融机构均负有此项义务，这也构成金融机构与客户间相互责任的重要内容。

在1924年英国的“图尔尼尔”案中，英国法院首先援用“默示条款”理论作为认定银行违反了保密义务的理论基础。法院认为虽然银行与客户之间不存在保密义务的明示条款，但存在一个默示条款，即银行除某些特定情况外，不得泄露有关客户账户或交易的信息。① 美国则在其1961年的“彼特森”案中确立了银行的保密义务，法院认定银行在任何时候均不得认为它有权向外界透露与客户有关的任何信息。②

金融机构对客户的保密义务经过英美普通法和衡平法的确认和发展，目前已成为世界各国金融法中的重要规则，金融理财合同中也不例外。我国《信托法》规定，受托人对委托人、受益人以及处理信托事务的情况和资料负有依法保密的义务。

另外，忠实义务还要求理财管理人不得进行自我交易。自我交易就是在委托理财事务的执行过程中，理财管理人或其关联人士和理财资产之间所进行的交易。按照忠实义务要求，理财管理人管理客户资产的目的就是为客户利益服务，管理人不能自己和客户资产发生交易，这是信托法的一项基本原则。我国《信托法》第二十八条规定：“受托人不得将其固有财产与信托财产进行交易或者将不同委托人的信托财产进行相互交易，但信托文件另有规定或者经委托人或者受益人同意，并以公平的市场价格进行交易的除外。受托人违反前款规定，造成信托财产损失的，应当承担赔偿责任。”

（2）专业上的注意义务。客户与金融机构签订金融理财合同，显然是基于对金融机构理财技能的信赖。因此，金融机构负有以超出一般人注意和技能的能力，替客户管理财产的义务。注意义务是一种积极义务，它要求理财管理人对客户委托的理财资产必须履行一个善良管理人应尽的注意，即必须以诚信的方式、以专业的谨慎之人应有的注意从事理财投资活动，不得怠于履行职责。这里的专业上的注意义务是比对一般人要求更高的义务。这是因

① E. P. Ellinger & E. Lommicka & B. L. A. Hooley，“Modern Banking Law”，137 Oxford University Press，3d. ed.（1987）.

② Peteson v. Idaho，“FirstNational Bank”，367 P. 2D 284（Idaho 1961）.

为理财管理人作为专家的执业活动都涉及他人的重大经济利益，这就需要对其利益予以严格保护；作为专家向他人提供专业服务，通常可以得到较高的报酬（佣金），与收取高报酬权利相对应的当然是更高的义务要求；专家具有专门知识或技能，能够承担更高的义务要求，这也符合过错责任原则的要求。①

有关金融理财管理人专业上的注意义务的法律规则，比较完备的要算美国《统一信托法》中有关受托人投资注意义务的规定，即“谨慎投资者规则”（Prudent Investor Rule）。

“谨慎投资者规则”主要体现在美国1992年的《信托法重述》（第三版）（以下简称信托法）和1995年的《统一谨慎投资者法》中。其中，信托法第277节以题为“谨慎投资的一般标准”专节作出如下的规定：受托人有义务根据信托的目的、条件、分配要求及其他条款按一位谨慎投资者应有的方式处理信托事务，这种方式为：一是受托人必须设计适应本信托的投资策略，应该结合投资总体而非单个投资项目来考量相应的风险及收益标准；二是在进行投资决策时，受托人必须进行分散投资，除非另有情况表明这样做是非谨慎的；三是除此之外，受托人还应做到遵守信托的基本忠实原则和公平原则，并谨慎地决定是否以及如何实施进一步的授权和承担合理的信托成本；等等。同时，该节又赋予受托人非常宽泛的投资自由裁量权，即只要受托人认为某项投资能合理地满足信托的整体目标、流动性和风险的承受水平，无需专门的信托条款授权，受托人也可进行投资。

此后，为消除美国各州在“谨慎投资者规则”立法上的差异，建立细致、划一的全美谨慎投资标准，美国统一州法律委员会于1995年通过了《统一谨慎投资者法》（*Uniform Prudent Investor Act*）。该法案对信托法第277节作了十分详尽的解释和说明，并很快得到美国绝大多数州的采纳而正式成为法律。根据该法案的规定，“谨慎投资者规则”主要包括：

① 目标标准（Objective Standard）。即受托人应具有相应的注意程度、专业技能水平和审慎标准，在充分考虑信托目的、条款、分散要求或其他要求的情况下，如同一位谨慎投资者那样对信托财产进行投资与管理，而且不同的受托人应承担不同的投资谨慎标准。如适用于专业的投资管理人（如基金管理人）的谨慎标准显然应高于一般投资管理人（如家庭成员信托）的谨慎标准。

① 张新宝：《侵权责任构成要件研究》，459页，北京，法律出版社，2007。

② 投资组合标准（Portfolio Standard）。该法第2条（b）项要求对受托人个别资产的投资与管理决定不得孤立地评价，而应将其置于整个信托投资组合的背景下，并且作为风险、回报目标合乎此信托的整个投资决策的一部分来判断。因而，对受托人进行的单笔投资，即便对信托财产是非谨慎的，但如果该投资与投资组合存在合理的联系，也可以被视为一项谨慎的投资。

③ 投资决策应考虑的因素。该法第2条（c）项列举了受托人进行投资决策时必须充分考虑影响整个投资成败的一系列重要因素，包括一般经济条件、通货膨胀或通货紧缩、税收后果、每一个投资行为对整个投资组合的作用、信托收入与本金的整体预期回报、投资间隔期间对收益的影响、资本的流动性和保持、信托管理承担的合理费用等。

④ 投资项目的限制及其分散化的投资。该法第2条（e）项认为，没有一个投资项目在本质上是绝对非谨慎的，因而规定受托人在遵循谨慎标准的前提下可以投资于任何形式的资产项目。同时，该法第3条又要求除非受托人能合理地证明在某些特定情况下采用分散化的投资方式将不利于信托投资目标的实现，否则受托人有义务采用分散化的投资方式。

⑤ 投资成本的要求。该法第7条规定，在投资与管理信托财产时，受托人有责任根据信托资产的特点、信托的目的以及受托人的技能，在设计与实施投资策略时将投资成本降至最低。

⑥ 判别标准。该法第8条规定，判定受托人是否遵循了“谨慎投资者规则”应视受托人进行决策或采取行动时的事实或情况而定，不能根据事后的结果来评判。即这种判定标准应是一种事前或事中的标准，而非事后的标准。①

从以上“谨慎投资者规则”所包含的主要内容来看，我们可以发现该规则最大的特色是在标准设计上吸收和运用了现代投资组合理论（Modern Portfolio Theory）（以下简称MPT）的精华。MPT是由美国著名经济学家马科维兹（Harry Markowitz）在已有的投资组合理论和凯恩斯偏好与分析方法的基础上，运用概率论和线性代数的方法，于1952年在美国《金融杂志》上发表的《证券组合选择》（*Portfolio Selection*）一文中首创，后经几位学者加以完整形成的。MPT以数学方式证明了在投资风险总金额不变的前提下，投资组合的证券种类越多，风险则越分散，而风险越分散，可在期望报酬不变的情

---

① Uniform Prudent Investor Act（UPIA）.

形下，使投资组合的风险越小，其理由在于不同特性的资产能够相互抵销风险，这也印证了我们在投资学上常听到的一句话，即“不要把鸡蛋放在同一个篮子里”的道理，即风险分散（Risk Diversification）。在多样化的投资组合环境下，对应不同的期望报酬率，理论上可以找出其各自对应的最小风险的投资组合，这些最小风险投资组合的集合，即所谓的效率边际（Efficient Frontier），而风险越分散，投资组合会越有可能在效率边际上，此即风险分散的好处。现代投资组合理论告诉我们，个别证券的风险、证券间的相关性及投资权数决定了投资组合的风险，说明了投资组合的必要性。①

MPT认为，证券市场上不同证券的风险性和预期收益各不相同，因此，通过证券的组合设计可以改变证券被单独考虑时的风险状况。例如，一个组合投资中风险较高（如带有投机性质）的投资项目，可能会与组合中的其他投资项目在风险上形成负相关，甚至相互抵销，从而降低组合的总体风险水平。同时，MPT在主张组合投资的同时也倡导分散化投资，即尽量保持组合中投资项目的广泛性，将非系统性风险降至最低。因为根据MPT，随着纳入同一组合的资产的收益率之间相关系数（或斜方差）的减小，该投资组合收益率的方差（或标准差）也随之减少。简言之，合理的分散化投资可以在不降低该组合预期收益率的条件下，降低该组合风险。② 事实证明，MPT所推崇的证券组合投资和分散化的投资方式是行之有效的。自20世纪60年代以来，该理论很快就成为投资界的主流理论，不但成为投资家分析证券投资的必备工具，也成为各国进行信托投资规则立法的主要依据。

我国金融理财制度中对于理财管理人专业上的注意义务，主要通过有关法规和理财合同对投资范围进行限定和规定抽象的诚信义务和勤勉义务来实现。

就限定投资范围而言，此处强调的是对金融机构处分管理资产进行必要的限制。这种限制可以在具体的理财合同中加以约定，基本的宗旨是为了客户的利益。此外，法律法规有时基于风险控制和金融秩序的考虑也对投资范围作出了限制，如《证券公司客户资产管理业务试行办法》第四十二条规定：“证券公司办理集合资产管理业务，除应遵守前条规定外，还应当遵守下列规定：（一）不得将集合资产管理计划资产用于资金拆借、贷款、抵押

① H. Markowitz，“Portfolio Selection”，Journal of Finance，1952.

② 潘金生：《证券投资理论与实务》，177～187页，北京，经济科学出版社，2004。

融资或者对外担保等用途；（二）不得将集合资产管理计划资产用于可能承担无限责任的投资。”《商业银行个人理财业务风险管理指引》第三十五条规定：“商业银行应当建立必要的委托投资跟踪审计制度，保证商业银行代理客户的投资活动符合与客户的事先约定。未经客户书面许可，商业银行不得擅自变更客户资金的投资方向、范围或方式。”

很多金融理财合同还对理财管理人规定了抽象的诚信义务和专业上的勤勉义务。如北京银行人民币理财合同条款规定，银行应在理财产品投资管理活动中恪尽职守，履行诚实信用、谨慎勤勉的义务，为本期理财产品的全体投资者的最大利益服务，以专业技能管理理财产品的资产，依法保护客户的财产权益。兴业银行代客境外理财产品“环球理财2号—港股基金宝”协议书规定，乙方（银行）应选派专业人员负责投资管理工作，在国家有关法律、法规、政策允许的范围内按照甲方的授权进行投资运作，承诺以诚信原则，尽最大努力，运用科学的手段控制市场风险，以专业知识和投资经验实现投资收益的最优化。乙方从事代客境外理财业务投资过程中遵循诚实信用的原则，以专业管理技能向甲方（客户）推荐投资方案，接受甲方的授权，保护甲方的利益。

由于在制度上缺乏“谨慎投资者规则”这种能够具体分析专业上的勤勉义务的制度性工具规范，一旦当事人就专业上的注意义务的履行发生争议，就会带来判断标准的不确定性。这对于成文法传统的法治秩序是十分致命的。

专业上的注意义务的另一项重要要求是自己管理的义务。对于客户交付的资产，理财管理人应当自己对其加以管理，而不应当另行委托他人代为管理。该义务的根本依据是客户将其资产交由选定的金融机构管理，表明了其对该金融机构的信赖。金融理财以当事人间的信任为基础，如果由他人代受托人管理，将破坏理财合同存在的基础。在这一点上，理财合同是建立在信托关系的基础之上的。“信托关系以当事人间的信赖关系为基础，因此原则上受托人处理信托事务，应亲自为之，俾能尽心竭力，不负委托人的信赖。”[①] 我国《信托法》第三十条也规定：“受托人应当自己处理信托事务，但信托文件另有规定或者有不得已事由的，可以委托他人代为处理。受托人依法将信托事务委托他人代理的，应当对他人处理信托事务的行为承担责

① 赖源河、王志诚：《现代信托法论》，124页，北京，中国政法大学出版社，2002。

任。”

(3) 信息披露义务。理财管理人的信息披露义务包括缔约前的风险揭示和产品解释义务及缔约后的投资定期报告义务等，这部分内容本书将在第4章作专门的阐释，在此不再赘述。

3. 客户的权利与义务

(1) 权利。在风险自担型金融理财合同中，作为委托人的客户享有的权利有：

① 受益权。即客户享受资产管理产生利益的权利。客户让渡自己资产的管理处理权能给理财管理人，但自己仍然保留受益权。因此，作为管理人的金融机构对该资产进行管理处分所得的利益，应按照合同约定归于客户。在非保本浮动收益理财合同中，理财管理人不保证委托理财的收益率，而是根据实际投资收益情况向客户支付收益。

在一些集合投资理财计划中，客户受益权的实现方式是可选的，如上投摩根基金管理有限公司的《开放式基金业务规则》第五十条规定：“分红方式选择是指投资者可以选择将所持基金在基金分红时，按现金红利或再投资获得基金红利。”

② 取回权。即在受托理财的金融机构发生破产或其他不能偿还其到期债务之时，理财账户中的资产不属于破产财产，委托理财业务的客户可先行取回。这是基于信托关系中的理财财产“独立性”的表现。金融机构所管理的理财业务资产，并不构成金融机构自身的资产，因此，该资产在其破产时不应当成为破产财产，而应由委托理财业务的客户优先取回。

③ 提前赎回权。提前赎回权是客户享有的提前终止理财合同，取回理财资产并结算当期收益的合同终止权。在权利属性上也属于形成权的一种。

在加息背景下，有可能使得理财产品的收益低于银行存款利率，从而影响投资者的收益，这时如果理财产品设有客户提前赎回权，投资者就可以通过提前赎回产品，避免升息带来的利率风险，保障投资收益。有的理财产品在合同中就为客户设置了“提前赎回”条款，能够满足客户短期闲置资金的理财增值和流动性的双重需求。如中国建设银行的“新股申购”理财产品，其可以每季度在固定开放日允许进行申购和赎回。招商银行的“新股申购13期”产品，其每月有3～5个工作日可以办理赎回，收取一定的手续费，这对投资者来说损失并不大，还能保证产品良好的流动性。开放式证券投资基金一般也都有关于赎回权条款的规定。

提前赎回权也是金融理财合同中的一项选择性权利配置。很多理财合同明确排除客户的提前赎回权。如《北京银行人民币理财合同条款》规定，客户不得要求提前终止本合同，也不得要求支取、赎回、使用本合同项下理财本金/理财产品资产的任何部分或全部。

④ 知情权。即客户对其交付理财机构的资产的运作情况进行了解的权利。在商业银行发售的理财计划中，一般都与客户事先约定了资金的投向、使用方式和预期的收益，因此，银行对资金的实际使用是否遵循约定直接关系到预期收益能否实现，与客户的利益密切相关。客户享有知情权，可以对银行形成监督，从而保护客户利益。

客户享有的知情权对应的是管理人的信息披露义务。如《商业银行个人理财业务管理暂行办法》第二十八条规定："在理财计划的存续期内，商业银行应向客户提供其所持有的所有相关资产的账单，账单应列明资产变动、收入和费用、期末资产估值等情况。账单提供应不少于两次，并且至少每月提供一次。商业银行与客户另有约定的除外。"该办法第二十九条规定："商业银行应按季度准备理财计划各投资工具的财务报表、市场表现情况及相关材料，相关客户有权查询或要求商业银行向其提供上述信息。"

⑤ 合同重大事项监督、决定权。为充分保护集合理财投资计划投资者的合法权益，《证券投资基金法》规定了基金份额持有人大会制度：即基金份额持有人可以通过基金份额持有人大会的形式，参与一些涉及切身利益的重大问题的决策。这也赋予了基金投资者监督基金管理人的权利。法律规定，基金份额持有人享有按照规定要求召开基金份额持有人大会、对基金份额持有人大会审议事项行使表决权等权利。

（2）义务。在风险自担型金融理财合同中，作为委托人的客户负担以下义务：

① 交付委托资产（资金）的义务。资产管理处分权能的转移，是金融理财合同的基本特征和组成部分，也是金融机构对客户的资产进行管理的前提。因此，客户在与金融机构签订了理财合同之后，负有按规定的时间和数额交付相应资产的义务。

交付委托资产（资金）的义务还包括保证资产来源合法的内容。金融机构管理的理财资产，往往要求具有信托财产的独立性。因此，为了不使委托理财业务成为客户隐藏非法所得和洗钱的手段，客户应当保证其交付的资产具有合法来源。如北京银行人民币理财合同条款规定，"客户特别在此保证：

理财本金是其自有的合法资金，客户将该资金用做本合同下交易以及客户订立和履行本合同并不违反任何法令，不违反任何管辖客户或其资产的其他法律、法规、规章、规定、裁决或命令，且不违反任何约束或影响客户或其资产的合同、协议或承诺。客户已认真了解相关权利、义务和风险，自愿承担投资风险”。

② 报酬给付义务。金融理财是金融机构的营业行为，是一种商事交易，一般都是有偿的，管理人和托管人之所以接受委托，其出发点便是在于获取提供专业管理或托管监督的报酬。因此，客户给付报酬是理财合同的主义务。

在实践中，风险自担型金融理财合同约定的报酬给付大多按照理财资产规模的固定比例支取。如国泰金鹰增长证券投资基金基金契约规定，基金费用计提方法、计提标准和支付方式为：A. 基金管理人的基金管理费按基金资产净值的1.5% 年费率计提。B. 在通常情况下，基金管理费按前一日基金资产净值的1.5% 年费率计提。计算方法如下：$H = E \times 1.5\% \div$ 当年天数（H 为每日应计提的基金管理费，E 为前一日基金资产净值）。C. 基金管理费每日计提，按月支付。经基金托管人复核后于次月首日起5个工作日内从基金资产中一次性支付给基金管理人，若遇法定节假日、休息日，支付日期顺延。又如“深国投·星石1期证券投资集合资金信托计划”规定，投资顾问管理费的计算方法：以估值基准日的信托计划资产总值为基础，按照0.25%的年费率，计算该估值基准日应计提的投资顾问管理费。某估值基准日应计提的投资顾问管理费 = 该估值基准日的信托计划资产总值 ×0.25% ÷12。投资顾问管理费的支付方式为：每个估值基准日之后的5个工作日内，由保管银行根据受托人出具的划款指令从信托计划专用银行账户中扣除并支付给投资顾问。

3.3 风险转移型与风险分担型金融理财合同的权利义务配置

3.3.1 风险转移型金融理财合同的权利义务配置

由于证券公司、信托公司的理财业务中有关保底条款的有效性还存在较大的争议，[①] 这使得证券公司、信托公司在风险转移型金融理财业务方面存在不确定的法律风险。目前，确定合法且较为成熟的风险转移型金融理财业务主要是商业银行开展的保证收益理财计划。[②] 保证收益理财计划，是指商业银行按照约定条件向客户承诺支付固定收益，银行承担由此产生的投资风险，或银行按照约定条件向客户承诺支付最低收益并承担相关风险，其他投资收益由银行和客户按照合同约定分配的理财计划。在人民币理财产品的发展初期，国内商业银行的人民币理财产品实际上大都属于保证收益理财计划。风险转移型金融理财合同的法律关系将主要根据《商业银行个人理财业务管理暂行办法》等法律法规和部分商业银行保证收益理财计划合同的内容，对金融机构和客户（委托人）之间在此类业务中的权利义务配置作具体的分析。

1. 金融机构的权利义务配置

金融机构在保证收益理财计划合同中主要的权利同样包括理财计划管理权、理财服务收益权、理财合同变更权、选任权四类。从相关法规和现有保证收益理财计划合同来看，与风险自担型理财合同相比，风险转移型理财合同在权利义务配置上的主要差异在于理财服务收益权的设计和增加了保证受益义务。因此本节关于风险转移型理财合同中金融机构的权利义务配置的内容中只对理财服务收益权和保证收益义务进行介绍。

（1）理财服务收益权。保证收益型产品是银行按照约定条件向客户承诺支付最低固定收益，银行承担由此产生的投资风险，超出最低固定收益的其他收益由银行和客户按照合同约定分配。因此在风险转移型理财业务中，理财管理人往往不像风险自担型理财业务那样根据理财资产的规模按时间收取管理费，而是通过专业化的投资操作获取高出合同约定的固定收益率的回报，从而获取收益。在很多保证收益型产品中，理财管理人在合同中承诺到期向客户支付固定利率的回报，但是客户的收益也只限于承诺的固定收益，而不能够分享超出部分的理财实际收益。如农业银行“汇利丰”协议及“汇利丰美元固定收益型产品 0807 号”产品说明书规定，客户只能获得到期 100% 归还本金的保证；年收益率 VIP 客户（2 万美元及以上）为 4.25%，普通客户为 4.20%；利息计算为到期利息 = 本金 × 年收益

---

① 本书第 5 章将专节讨论这一问题。

② 其他还有保险公司的万能寿险。

率×天数/360。天数每月按不调整的30天计算。协议和产品说明书对于超出部分的收益分配没有规定，由于协议中规定客户只能获得合同明确承诺的收益，事实上对于超出固定收益的其他收益客户是不享有权益的。[①] 在中国银行“汇聚宝”理财产品系列固定收益产品中，也有类似的情况。[②]

（2）保证收益义务。风险转移型金融理财合同中的保证收益义务，是指理财管理人在理财合同到期或提前终止时，按照约定的固定利率和理财实际期限向客户支付理财资产收益的义务。如招商银行某保证收益理财计划的合同规定，招商银行在提前终止日或理财到期日按照如下年收益率向投资者支付理财收益：理财收益率（年率）：4.90%；招商银行在提前终止日或理财到期日根据本说明书的“理财收益”以及“基本规定”的规定计算理财实际期限和收益率并向投资者支付理财收益，理财收益在清算日后7个工作日内划转至投资者指定账户。[③]

在实践中，还有一种准保证收益理财条款，即收益补偿条款。根据该类条款，理财管理人在理财计划中投入自有资金，当理财计划收益率不足以保证收益率时，管理人以自有资金的收益部分为限对客户收益进行补充。如“光大阳光2号集合资产管理计划资产管理合同”规定，中国光大证券股份有限公司投入自有资金5 000万元，对于推广期内参与并持有满3年的委托资金，若到期（累计）收益率小于10%（不含），则管理人用自有资金参与本计划的投资收益（即5 000万元的投资收益部分）补偿委托人，直到委托人总收益率达到10%或管理人自有资金参与本计划的投资收益部分补偿完毕为止。[④]

2. 客户的权利义务配置

与风险自担型理财合同相比，风险转移型理财合同中客户权利义务配置上的特点主要包括：客户一般不具有提前终止合同的权利；收益权的内容含有保证收益率条款或收益补偿条款，但有时会附有约束性条件。中国银监会颁布的《商业银行个人理财业务管理暂行办法》中的第二十四条规定：“保证收益理财计划或相关产品中高于同期储蓄存款利率的保证收益，应是对客

① 中国农业银行“汇利丰”产品协议及“汇利丰美元固定收益型产品0807号”产品说明书。

② 中国银行“汇聚宝”产品说明书。

③ 招商银行“外汇通”受托理财计划17号（稳健收益型）产品说明书。

④ 中国光大证券股份有限公司“光大阳光2号集合资产管理计划资产管理合同”。

户有附加条件的保证收益。商业银行不得无条件向客户承诺高于同期储蓄存款利率的保证收益率。”由于是“附加条件”的存在，这意味着高于银行利率水平的最终实际投资收益存在着不确定性。此外，在实践中，风险转移型金融理财合同中一般规定客户不得提前终止合同或赎回，或者一旦客户要求提前终止合同或赎回将支付一笔不菲的费用，足以导致本金的损失。如中国银行“汇聚宝”理财产品说明书中规定，中国银行股份有限公司将不定期提供本产品的提前赎回报价，不能完全满足投资者的流动性需求。在2005年12月8日至16日，对于“汇聚宝0402C港币日进斗金”、“汇聚宝0403B”等理财产品，客户可赎回其本金，但必须扣除一定的违约费用，本金赎回率分别为90%和85%。[①]

3.3.2 风险分担型金融理财合同的权利义务配置

同样由于保底条款的问题，对于风险分担型金融理财合同，本书主要以商业银行开展的保本浮动收益理财计划和基金管理公司的保本型基金为主要样本进行剖析。

1. 管理人的权利义务配置

在风险分担型金融理财合同中管理人的权利义务配置与其他类型金融理财合同不同的主要是管理人的理财收益权、到期还本义务和追索义务。

（1）管理人的理财收益权。风险分担型金融理财合同中管理人的理财收益权最为常见的是投资盈利分享。但是在实践中，这类合同基于产品营销的考虑，往往并不直接约定盈利分享比例，而是在客户收益率的附加条件上做文章。如中国农业银行保本浮动收益类产品“汇利丰0808号——六个月美元利率挂钩型产品”规定，客户年收益率：4.8%×（N/M），N为计息期内3个月美元Libor在［0，6%］之间的天数，M为计息期内总天数；收益支付：到期时一次性付息（一年以360天计算，每月以30天计）。在一般情况下，由于客户收益受到美元Libor在［0，6%］之间的天数的影响，当美元Libor在［0，6%］之间时，理财资产实际年收益率会高于4.8%，而当Libor在［0，6%］之外时，管理人无须向客户计算收益，而事实上理财资产在此时是可能获得收益的，这些收益就成为管理人分享的收益了。

（2）到期还本义务和追索义务。风险分担型金融理财合同中管理人的到

---

① 张敏：《理财产品赎回需慎重　投资者应仔细阅读条款》，载《新京报》，2006-01-06。

期还本义务在实践中有两种类型：直接还本义务型和担保还本型。

在直接还本义务型金融理财合同中，理财管理人承担直接对客户的到期还本义务，即管理人应在合同到期或终止后将理财本金支付给客户。如中国银行“汇聚宝0802C——欧元期限可变产品合同”规定：产品提前终止或到期时，中国银行股份有限公司返还投资者全额认购资金。

担保还本型金融理财合同中的管理人并不直接承担还本义务，而是由担保人承担保证本金安全的义务。一些文件还对担保机构作出限制性要求，如《保本证券投资基金运作指导意见》（征求意见稿）对担保机构作出了规定：“实收资本不低于20亿元；净资产不低于50亿元；成立并运作满三年以上，具备法人资格的企业；最近三年连续盈利；已担保的保本基金资产规模不超过其净资产总额的两倍；最近三年未受过重大处罚。”在这些合同中，管理人承担的是追索义务。如信托贷款或融资的到期还款由国家开发银行提供保证。如中国光大银行阳光滚动理财产品协议书“追索条款”规定，借款人未按照约定向信托公司支付信托贷款或融资本息，担保人在收到信托公司出具的索赔通知后5个工作日内，向信托公司支付其索赔的贷款本息金额。若本理财产品所投资的信托产品到期不能全部偿付，则中国光大银行首先将信托公司已偿付的本金按比例支付给投资人；差额部分由信托公司向担保人索赔，中国光大银行在收到信托公司索赔获得的本金后7个工作日内向投资人进行相应支付。

在一些风险分担型金融理财合同中，到期还本义务也是有条件的，如保本基金并不是无条件地承担本金保障。多数保本基金都会在基金合同中规定一定的保本条款。通常来讲，只有在保本基金认购期认购并持有到期的基金份额，或者上一保本周期到期时转入下一保本周期的基金份额，或者在限定期限内集中申购的基金份额，才享受保本承诺。

2. 客户的权利义务配置

风险分担型金融理财合同中客户的权利义务配置与风险转移型金融理财合同主要的不同是客户有本金收取权而没有合同提前终止权。

客户的本金收取权对应的是管理人的到期还本义务和追索义务以及担保人的担保责任，在此不再赘述。

就合同提前终止权而言，风险分担型金融理财合同大多限制客户提前终止合同或提前赎回理财产品份额。如中国建设银行的“汇得盈”美元保本浮动收益产品合同中明确指出，客户没有提前终止权，在投资期内不可以提前支取本金。其中也有部分产品如提前终止则不享受收益，同时客户承担再投资风险，上述合同同时指出，投资期间，若市场利率提高，则客户将失去将资金配置于其他产品从而提高收益的机会。兴业银行“万汇通”外币理财产品中也有同样的风险提示。

3.4　资产托管人与受益人的权利义务配置

3.4.1　资产托管人的权利义务配置

在二元管理结构下的金融理财合同中，资产托管人是不可缺少的一方当事人。就形式而言，资产托管人可以通过三方协议进入金融理财合同中，也可以通过分别与客户和理财管理人签订托管合同而进入金融理财的法律关系中。目前，在各种二元管理结构的金融理财业务中，证券投资基金在托管人制度的规范方面最为完善，因此，有关资产托管人的权利义务配置，我们将主要以证券投资基金结构中的托管人为例加以分析。

资产托管结构对于投资人利益的保护非常重要。如关于基金契约的构造理论上素来有“分离论”与“非分离论”的两种学说的争论①，前者认为证券投资基金应有二元信托结构，通过两个信托契约来构造三方当事人：一方面，基金管理公司与受益凭证持有人通过一个信托契约来规范关系，受益人即为信托关系中的委托人；另一方面，保管机构与基金公司的关系由保管契约来规范。这样，在法律构造上分别由经理人、投资人和保管人订立两个契约，使受益人的法律地位得以明确。后者是所谓“三位一体”的“非分离论”，即以一个信托契约来规范基金管理公司、基金保管机构及受益人间的权利与义务，从整体上以基金公司与托管机构所签订的投资信托契约为中心，以此契约联结并规范受益人（投资人）与委托人（基金公司与托管机构为实际上的共同受托人）之间的关系。投资人因信赖基金公司的证券投资能力而交付资金，基金公司依此信赖原则而为信托财产的运用指示。因此，基金公司与保管机构居于协同一体的地位，共同实现信托契约的委托人的机能。而信托契约的受益人，也即为信托契约实际上的委托人。“非分离”的结构，能简化当事人的法律关系，使投资人可以统一了解所有权益约款。而

---

① 铃木竹雄：《证券投资信托契约条款的法律性质》，经济法四号，15页以下，转引自陈春山：《证券投资信托专论》，275页，台湾，五南图书出版公司，1997。

且，由于所有的基金约款均在一份契约中体现，有利于监管机关的监管工作。

1. 理财资产的保管

由托管人保管的理财资产的范围包括：(1) 客户交付金融机构管理的理财资产或申购理财产品单位的发行价额；(2) 理财资产或发行价额所生的孳息；(3) 理财计划运营中购入的各项资产；(4) 每次收益分配总金额独立列账后给付前所生的利息；(5) 理财计划运营中购入资产的孳息及资本利得；(6) 因受益人或其他第三人对理财计划的请求权罹于消灭时效，理财计划所得的利益；等等。

就托管合同中托管人的保管义务而言，其属于保管合同的性质。有关理财托管机构保管义务的具体内容可以根据《合同法》第三百六十九条第一款规定的“保管人应当妥善保管保管物”来确定。这条规定对保管人的保管义务提出了原则性的要求——妥善保管。那么，如何才是“妥善保管”呢？本书以为，妥善保管包括保管人的合理的注意义务、合理的保管方法、亲自保管和理财资产的返还义务；等等。如某基金托管协议规定的基金财产保管原则：(1) 基金财产应独立于基金管理人、基金托管人的固有财产。(2) 基金托管人应安全保管基金财产，未经基金管理人的合法合规指令或法律法规、基金合同及本协议另有规定，不得自行运用、处分、分配基金的任何财产。(3) 基金托管人按照规定开设基金财产的资金账户和证券账户。(4) 基金托管人对所托管的不同基金财产分别设置账户，确保基金财产的完整与独立。(5) 除依据《中华人民共和国证券投资基金法》、《证券投资基金运作管理办法》及其他有关法律法规规定外，基金托管人不得委托第三人托管基金财产。[①]

通常而言，寄存人将物品交给保管人保管，是缘于对保管人的信任，认为他能够很好地保管标的物，因为他或者有专门的经验，或者有专门的条件，较为谨慎。正是基于这样的信任基础，保管合同才得以成立，因而，保管人应当尽力保管好标的物，这就要求保管人至少要像处理自己的事务一样对待保管行为，尽到与处理自己事务同样的注意义务，如果是有偿的，则要尽善良管理人的注意义务。这一要求为诸多立法所确认，我国台湾地区“民法典”第590条规定：“受寄人保管寄托物，应与处理自己事务为同一注意，

① 参见《国泰金鹿保本增值混合证券投资基金托管协议》第五条有关基金财产保管的规定。

其受有报酬者，应以善良管理人之注意为之。”[①]《法国民法典》第1927条规定：“受寄托人，在保管寄托物时，应如同保管自己的物件一样给予注意”；1928条规定：“下列情形，前条规定应更严格执行：a. 如受寄人主动提议接受寄托；b. 如约定受寄人因保管寄托物而得到报酬；c. 如寄托完全是为受寄人利益而设；d. 如有明文规定，受寄人对其一切过失均应承担责任。”[②] 此中所指的“更为严格执行”显然即在上述情形下要求保管人尽善良管理人的注意义务。在金融理财合同中，托管人的保管义务上的善良管理人的注意义务是指托管机构应依金融法规、理财合同的约定以及监管机构的指示，以善良管理人的注意义务，保管理财资产及款项；除托管合同另有约定外，不得为自己、其代理人、代表人、受雇人或任何第三人谋取利益。

所谓合理的保管方法，指保管人应当遵循合同所约定的方式或者采取符合寄托物的品质、种类、数量等保管要求的具体措施，以达到寄存物保管的目的。首先要明确的一个原则是，保管方法如果经过约定，除非有紧迫事由并可推定寄存人若知道这一情事会允许变更约定方法时，受寄人不得随意变更保管方法。在金融理财合同中，这种理财资产合理的保管方法至少需要做到：首先，理财资产应独立于理财管理人及托管机构自有财产之外。其次，各不同理财计划的资产，也应分别设账，并以托管机构的理财专户名义登记。理财管理人及托管机构就其自有财产所负的债务，其债权人不得对于理财资产提出任何请求或行使其他权利。再次，不同种类的理财资产应存放于适合该类资产存放的场所。如某基金托管协议规定，实物证券、银行定期存款存单等有价凭证由基金托管人存放于托管银行的保管库，但要与非本基金的其他有价凭证分开保管。保管凭证由基金托管人持有。[③] 最后，合理的保管方法还包括托管场所对客户人身和财产安全的保护（如配备保安人员、防止抢劫的发生）；提示客户对自己的账号、密码保密不被他人窃用的义务；托管系统符合安全标准（监管机构要求的标准或者行业认可的标准）；采用适当的办法对刷卡台进行隔离，以免客户在输入交易密码时被他人窥视或知悉；保存合理期间完整、准确的交易记录，以便在客户的账号、密码被窃用时追查；等等。如果理财托管人违反上述安全保障义务，第三人窃取客户的

① “分类小六法——民法”（第8版），218页，台湾，元照出版有限公司，2005。

② 罗结珍译：《法国民法典》，197页，北京，中国法制出版社，1999。

③ 参见《国泰金鹿保本增值混合证券投资基金托管协议》第五条关于基金财产的保管的有关规定。

账号、密码进行窃用交易造成客户损失的，托管人也应当承担相应的责任。[①]

保管合同往往是缘于寄存人对保管人的信任而签订的，也就是说，保管合同中存在很强的信用关系，而信用关系往往不具有传递性，某甲信任某乙，某乙信任某丙，并不能推出某甲信任某丙，所以在保管合同中，寄存人对保管人的信任，往往并不能延伸至第三方。所以保管人应当自己保管寄存物，这被称为保管合同的专属性。这种专属性在理财托管合同中会发生变异，由于金融理财资产大多为证券或其他金融资产，证券在电子化环境下往往实行中央存管机构的集中存管制度，因此，客户的这部分理财资产事实上只能存管在托管人在中央存管机构的特定账户中。

保管人还承担返还保管物的义务。在保管合同期限届满或者寄存人提前领取保管物时，保管人应及时返还保管物。保管人返还的物品应为原物，原物生有孳息的，保管人还应返还保管期间的原物孳息。对于理财托管人而言，在理财合同终止的时候，托管人负有根据合同约定向客户返还理财资产及收益的义务。当然，由于理财活动是一种投资性活动，特别是在以金融资产为理财标的的情况下，金融资产的流通是理财收益的重要途径，因此托管人的返还义务往往不是原物，而是理财资产变现后的现金价值。这点和消费物的保管相似。

2. 进行资金清算

理财托管人另一项主要的职责就是确保理财资金清算的及时、安全。理财计划的资金清算依据交易场所的不同分为交易所交易资金清算、全国银行间债券市场交易资金清算和场外资金清算三部分。

(1) 交易所交易资金清算。交易所交易资金清算指基金在证券交易所进行股票、债券买卖、回购交易时所对应的资金清算。

交易所交易资金清算的数据来源于中国证券登记结算公司。托管人在每天交易结束后，通过卫星系统接收中国证券登记结算公司的清算数据，将其按照一定的格式发送至基金清算与会计系统。根据沪深交易所现行的资金清算规则，交易资金采用T+1日交割制度。因此，交易所交易资金清算时间为T+1日收盘前（下午3：00)。交易所交易资金清算步骤如下：

第一步，接收交易数据。T日闭市后，托管人通过卫星系统接收交易数

---

① 张新宝、郭莉蓉：《窃用他人账号、密码等进行证券交易致人损失的法律责任探讨》，载《人民法院报》，2002-05-24；张新宝、张小义：《股票窃用交易的侵权责任》，载《法商研究》，2004(2)。

据。第二步，制作清算指令。托管人在对当日交易进行核算、估值及核对净值后，制作清算指令，完成T日的工作流程。第三步，执行清算指令。T+1日，托管人将经复核、授权确认的清算指令交付执行。第四步，确认清算结果。理财计划托管人对指令的执行情况进行确认，并将清算结果通知管理人。

（2）全国银行间债券市场交易资金清算。全国银行间债券市场交易资金清算包括基金在银行间市场进行债券买卖、回购交易等所对应的资金清算。具体步骤如下：

第一步，理财管理人在银行间债券市场发生债券现货买卖、回购业务时，理财管理人将该笔业务的“成交通知单”加盖管理人的业务章后发送给托管人。

第二步，理财托管人在中央债券综合业务系统中采取双人复核的方式办理债券结算后，打印出交割单，加盖理财资金清算专用章，传送给管理人，原件存档。

第三步，债券结算成功后，按照成交通知单约定的结算日期，制作资金清算指令，进行资金划付。

第四步，托管人负责查询资金到账情况，资金未到账时，要查明原因，及时通知管理人。

（3）场外资金清算。场外资金清算指理财计划在证券交易所和银行间市场之外所涉及的资金清算，包括申购、增发新股、支付理财管理人相关费用以及理财产品的申购与赎回等的资金清算。场外资金清算流程如下：

第一步，理财计划托管人通过加密传真等方式接收管理人的场外投资指令。

第二步，托管人对指令的真实性、合法性、完整性进行审核，审核无误后制作清算指令。清算指令经过复核、授权后，交付执行。

第三步，对指令的执行情况进行查询，并将执行结果通知理财计划管理人。①

3. 理财资产的监督

监督理财管理人的投资运作，是保障理财资产安全、维护客户利益的重要手段。各国都很重视对理财管理人投资运作的监督。在我国，理财托管人

① 胡浩：《银证合作》，190~193页，北京，中国金融出版社，2006。

对理财管理人投资运作的监督主要体现在以下两个方面：其一，当其发现管理人的投资指令违反法律、行政法规和其他有关规定，或者违反理财合同的约定时，应拒绝执行并立即通知理财管理人及向国务院证券监督管理机构报告；其二，当其发现管理人的依交易程序已生效的投资指令违反上述规定时，应立即通知管理人及向国务院证券监督管理机构报告。

我们可以以证券投资基金为例来看托管人对理财资产的监督内容。基金托管人主要依据《证券投资基金法》和国家相关法律、法规，以及各基金公司、托管机构与客户签订的基金合同、托管协议对基金投资范围、基金资产的投资组合比例、基金资产核算、基金价格的计算方法、基金管理人报酬的计提和支付、基金收益分配等行为的合法性及合规性进行监督和核查。监督内容主要包括以下几个方面：

第一，监督基金投资范围是否符合基金合同、托管协议和有关法律、法规的要求。在我国，有关法规明确规定，证券投资基金财产应当投资于上市交易的股票、债券及国务院证券监督管理机构规定的其他证券品种。

第二，对投资比例进行监督。主要包括依据有关规定对基金、资产组合的投资比例实施监督；对交易量的比例进行监督，每只基金通过1家证券经营机构买卖证券的年成交量，不得超过该基金买卖证券年成交量的30%；对参与银行间同业拆借市场交易的比例进行监督，在全国银行间同业拆借市场进行债券回购的资金不得超过基金资产净值的40%；基金在全国银行间同业拆借市场中的债券回购最长期限为1年，债券回购到期后不得展期。

第三，对投资限制的监督。基金财产不得用于下列投资或者活动：承销证券；向他人贷款或者提供担保；从事承担无限责任的投资；买卖其他基金份额，但是国务院另有规定的除外；向其基金管理人、基金托管人出资或者买卖其基金管理人、基金托管人发行的股票或者债券；买卖与其基金管理人、基金托管人有控股关系的股东或者与其基金管理人、基金托管人有其他重大利害关系的公司发行的证券或者承销期内承销的证券；从事内幕交易、操纵证券交易价格及其他不正当的证券交易活动；依照法律、行政法规及有关规定，由国务院证券监督管理机构规定禁止的其他活动。

第四，对管理人报酬、托管费等费用的监督。监督基金管理人是否按照基金合同的要求，计提管理人报酬及其他费用。

第五，基金资产核算和估值。基金管理人对基金资产的核算是否严格遵守《证券投资基金会计核算办法》；基金管理公司是否做到每日对基金资产进行估值，估值方法和程序是否符合规定的要求，计算是否准确。

第六，基金收益分配。基金收益分配比例不得低于基金净收益的90%；基金收益分配必须在当年的净收益弥补历年损失后，才可以分配；开放式基金的收益分配，应当根据基金合同及招募说明书的规定进行。

第七，基金投资人权利维护。主要包括以下三个方面：采取适当、合理的措施，使开放式基金份额的认购、申购、赎回等事项符合基金合同等有关法律文件的规定；采取适当、合理的措施，使基金管理人用以计算开放式基金份额认购、申购、赎回和注销价格的方法符合基金合同等法律文件的规定；采取适当、合理的措施，使基金投资和融资的条件符合基金合同等法律文件的规定。①

然而问题是，托管人的这种对投资指令的审查、监管的程度究竟有多深呢？并且，如若托管人未尽审查义务或者因疏忽而未审查出既存问题，又应如何追究其相应的法律责任呢？

本书认为，对于这两个问题的回答将关系到理财托管人的监管理财运作功能的发挥，意义重大。首先是关于理财托管人监管程度的问题。在学理上，人们通常将理财管理人在理财运作过程中对理财份额持有人所承担的义务划分为以下两类：忠实义务和善良管理人的注意义务。通常情况下，理财管理人忠实义务的履行情形更加易于为人们从外观上加以把握，而对于理财管理人注意义务的履行情况，则往往更具有主观性和不确定性，因为对理财管理人是否遵循注意义务的审查监督在很大程度上取决于对其主观心态的判断。既然如此，理财托管人是否应当对理财管理人的注意义务加以监管呢？对此，本书认为，托管人原则上应对管理人的以上两方面义务的履行情况加以必要的监管，而不应存在偏废其中任何一方的情形。对理财管理人注意义务的审查应当以客观标准加以衡量，而不能加之以主观认识上的标准。具体而言，应通过法律明文规定的方式对理财管理人在理财运作过程中有可能损及理财财产或理财份额持有人利益的情形予以禁止性规定。一旦理财管理人违反相关规定而实施了有关禁止的行为，即构成对注意义务的违反。事实上，我国《证券投资基金法》所采取的正是这种做法。依该法第五十九条规定，基金财产不得用于承销证券，不得向他人贷款或提供担保，不得从事承担无限责任的投资，不得买卖其他基金份额，但是国务院另有规定的除外。

① 胡浩：《银证合作》，190～193页，北京，中国金融出版社，2006。

通过以法律形式对基金管理人在特定情形下投资的绝对禁止，可以避免托管人在对管理人是否已尽注意义务进行判断时可能受到的主观因素的干扰。上述对注意义务的规定并非管理人注意义务的全部，而仅仅是从理财托管人所应承担的监管责任的范围角度作出的规定。这意味着对于理财管理人其他方面的注意义务并不在托管人监管范围之内。

其次是关于理财托管人的责任承担问题。如果说对理财托管人监管范围的讨论所解决的是其应该干什么的问题，那么对托管人如何承担责任的探讨解决的则是其能否切实履行监管职责的问题。由于理财托管人并不直接参与投资决策而仅负责对投资指令的实施，因此，要求其像《信托法》中规定的共同受托人一样承担由此可能产生的连带赔偿责任是有失公允的。从这一角度看，应将托管人与管理人在理财运作过程中所发生的责任区别对待。然而如前所述，在管理人违规运作理财而托管人又未尽监管职责的情形下，我们很难将二者的责任范围完全划分开由其各自承担相应的责任。因为，此时给理财份额持有人造成损失的直接原因是管理人的行为，要求其承担全部的赔偿责任是理所当然的，而对于理财托管人而言，又将如何承担责任呢？显然，如若不追究其责任，那么法律对其所规定的监管职责还有什么意义呢？本书认为，此时理财托管人应当承担的是补充连带责任，即只有在理财管理人无法以其自有财产承担全部的赔偿责任时，理财托管人应就剩余部分承担赔偿责任。这既避免了单独追究托管人责任时所出现的不确定性，又避免了将托管人与管理人一体对待的不合理性。通过以上分析可知，理财托管人所承担的责任形式具有多种可能。其与理财管理人因共同行为造成理财财产损失或理财份额持有人利益受损的情形，应由二者共同承担连带赔偿责任；因托管人自身的过错造成损失的情形，应由其独自承担责任；对于理财管理人违法运作理财而托管人也未尽到监管职责的情形，托管人应对由此造成的损失承担补充连带责任。

4. 托管费用收取

托管费是指理财资产托管人为理财计划提供托管服务而向理财计划收取的费用，如银行为保管、处置基金信托财产而提取的费用。托管费通常按照理财资产净值的一定比例提取，逐日计算并累计，至每月末时支付给托管人，此费用一般从理财资产中支付，不须另向投资者收取。理财计划的托管费计入理财计划的固定成本。托管费收取的比例与理财资产规模和所在地区有一定关系，通常理财资产规模越大，托管费费率越低。以基金托管费费率为例，新兴市场国家和地区的托管费收取比例相对要高。托管费年费率国际上通常为0.2%左右，美国一般为0.2%，我国内地及台湾、香港地区则为0.25%。

必须指出的是，托管费是托管人为理财计划提供服务而收取的报酬，是托管人的业务收入。理财计划的托管费费率一般须经监管部门认可后在理财合同或基金公司章程中订明，不得任意更改。托管人因未履行或未完全履行义务导致的费用支出或理财资产的损失，以及处理与理财计划运作无关的事项发生的费用，不得列入托管费。

3.4.2 受益人的权利配置

在大多数金融理财合同中，客户（投资者、委托人）就是受益人，但是在信托公司[①]、保险公司的理财业务中，理财合同有可能会确定第三人为受益人。这就涉及受益人的合同权利问题。而受益人在理财合同中最重要的权利就是受益权。

1. 信托理财合同中的受益权

信托是委托人为了受益人的利益或者某一特定目的，通过信托文件，将自有的财产转移给受托人，由受托人代为管理和处分的财产管理制度。受益人虽然不是信托行为的当事人，也没有支付对价，但是委托人和受托人在信托文件中所作的一系列安排，赋予了受益人可要求受托人履行其义务的权利，包括享有信托收益、监督受托人管理和处分信托财产以及否认受托人不正当地处理信托财产的行为效力的权利；等等，这些权利就称为“受益权”。信托理财合同中的受益人的权利基本上是以信托关系中受益人的权利构建的，最终取决于该理财合同的约定。

（1）收益权。即受益人在信托理财存续期间，享受理财资产收益的权利。享有理财资产收益的权利是受益人最主要的权利，在信托理财存续期间，理财管理人管理、运用、处分理财资产而产生的收益按照理财合同的约定归于受益人。

---

① 在信托关系中，也可以设定受益人，但是根据《信托公司集合资金信托计划管理办法》第五条第二款的规定，信托公司设立信托计划，应当符合以下要求：参与信托计划的委托人为唯一受益人。因此，在信托公司集合资金信托计划中就不存在受益人。只有在专项信托理财中才能根据信托法的规定设定受益人。

(2) 撤销权。受托人违反信托本意而处分信托财产时，受益人可以对相对人或转让人撤销其处分行为。

(3) 信托财产管理方法调整请求权。因设立信托时未能预见的特别事由，致使信托财产的管理方法不利于信托目的或者不符合受益人的利益时，受益人有权要求受托人调整该信托财产的管理方法。

(4) 知情权。受益人有请求阅览有关信托事务处理的资料，并可行使就信托事务的处理予以说明的权利。

(5) 解任权。受托人违反信托目的处分信托财产或者管理运用、处分信托财产有重大过失的，受益人有权依照信托文件的规定解任受托人，或者申请人民法院解任受托人。①

2. 具有投资功能的保险合同中的受益权

大陆法系学者多主张受益权仅以保险金的请求权为限，保险合同另有约定的除外。对于保费返还请求权、保单现金价值返还请求权、利益分配请求权等，应属投保人所有，受益人不能行使除保险金请求权以外的任何权利。英美法系认为，受益权的范围包括保险金请求权、保费返还请求权、保单质押权等保险合同上的一切权利。②

关于保险合同中的受益权的性质，学界有不同看法。通常认为，受益权为一种期待权。受益人的受益权只有在保险事故发生后才能具体实现，转变为现实的财产权。③ 也有人提出，期待权的构成应具备两个条件：一是此种法律地位是否已受法律之保护；二是此种地位有否赋予权利性质之必要。④无论投保人或被保险人在指定受益人时是否声明抛弃处分权，均不构成期待权，而只是一种期待的地位。理由是受益权受法律的保护，但是并没有成为法律上可以自由交易的客体，仍不能任意转让，所以没有赋予权利的必要，不符合期待权成立的第二个条件。⑤ 而我国另有一些台湾学者认为，就第一

① 《中华人民共和国信托法》第四十九条规定，受益人可以行使本法第二十条至第二十三条规定的委托人享有的权利。受益人行使上述权利，与委托人意见不一致时，可以申请人民法院作出裁定。

② 龙誉：《人寿保险受益人受益权法律问题探析》，中国法院网，http：//www. chinacourt. org/html/article/200410/21/13575. shtml。

③ 权衡：《保险受益权刍议》，载《江南大学学报》，2004（3）。江朝国：《保险法基础理论》，北京，中国政法大学出版社，2002。

④ 王泽鉴：《附条件买卖买受人之期待权》，载《民法学说与判例》（第一册），139 页，北京，中国政法大学出版社，2005。

⑤ 覃有土、樊启荣：《保险法学》（第 1 版），355 页，北京，高等教育出版社，2003。

个条件而言，受益人享有保险金请求权的地位受法律保护应无疑问；对于第二个条件，在要保人未放弃处分权下所取得的受益权，因要保人得随时变更指定受益人，使受益人所享有的请求权具有不确定性。依照债法的基本原则，交易的客体所具备的生效要件之一为标的物可能、确定、合法，当受益人之此项权利的性质具有如此的不确定性时，将其作为交易客体，对交易的安全将产生重大影响，故其无法成为交易之客体，因此不符合期待权的成立要件，充其量只能定位于权利位阶中的期待利益；放弃处分权的受益权则符合权利的要件，有赋予权利的必要。[①] 施文森先生认为，被保险人依照保险契约履行所生之利益，自指定之时起就归属于受益人，而非指受益人对于保险金额之受领已获得确保。因此，要保人如不按期缴付保险费或被保险人为法律或契约所禁止之行为，如发生被保险人自杀、犯罪致死等情形，则足以影响受益人的权益。在既得权的观念下，受益人成为保单的所有权人，被保险人不得主张任何权利。要保人未放弃处分权时，受益人的保险金请求权的性质为受益人仅取得一期待利益。要保人既已放弃处分权，则受益人保险契约的利益为既得利益。[②]

本书认为，投保人享有指定受益人的权利并不能就此否认受益人受益权的权利属性。就权利的本质而言，权利是利益与意思支配力的结合。就利益而言，权利就是受法律保护的利益，是存在主体的利益，即利益的实际效用和享受。[③] 就意思支配力而言，权利是受法律保障的，在外部世界实施活动的权能或可能性。[④] 因此，权利是主体享受特定利益的法律上的力。[⑤] 其中法律上的力是指一种规范的情况，即法律制度对权利人的授权，一种“可以作为”或一种“法律上的可能”。[⑥] 此外，权利所指向的对象必须十分确定。[⑦] 保险受益人的受益权显然具备了权利本质的全部要件。受益人的保险金请求

① 潘秀莲：《人寿保险信托所生法律问题及其运用之研究》，145页，台湾，元照出版有限公司，2001。

② 施文森：《人寿保险契约利益及其归属之研究》，载《保险法论文集》（第7版），204~205页，台湾，元照出版有限公司。

③ 耶林著，徐砥平译：《拿破仑法典以来私法的普遍变迁》，18页，北京，中国政法大学出版社，2003。

④ ［意］彼德罗·彭梵得：《罗马法教科书》，23页，北京，中国政法大学出版社，2000。

⑤ 郑玉波：《民法总则》，42页，北京，中国政法大学出版社，2004。

⑥ 卡尔·拉伦茨：《德国民法通论（上）》，277页，北京，法律出版社，2002。

⑦ 卡尔·拉伦茨：《德国民法通论（上）》，280页，北京，法律出版社，2002。

权本身具有利益性、法力性和确定性。投保人享有指定受益人的权利，只不过使得权利主体不具有稳定性，而权利对象始终是确定的。权利主体事实上也是确定的，确定不等于不发生变化。

3.5 小结

影响金融理财合同权利义务配置的要素包括风险负担、管理结构、合同性质和效率机制。金融理财合同从金融学的角度来看就是一种风险管理工具，而金融理财合同的不同风险负担类型对于其权利义务配置会产生重大影响。可以说，金融理财合同当事人的核心权利义务关系是随金融理财合同风险负担类型的不同和风险管理的不同要求而发生变化的。金融理财合同是具有多种法律关系属性和独特权利义务构造的合同。而其中不同的法律关系定性必然会对合同当事人的具体权利配置提出不同的要求。理财产品管理结构会影响到金融理财业务涉及当事人的数量、理财业务和投资产品的管理模式，进而决定法律关系的架构，当然更会影响当事人在合同中的权利配置。金融理财合同是保证有关理财资产控制权和剩余索取权分配的一整套管理制度、报酬制度等合约安排。这同样需要在拥有资本的资本家与拥有经营才能的企业家的结合中，寻求生产效率与分配效率的优化与平衡。因此，剩余控制权与剩余索取权只能在投资者和理财管理者之间根据金融理财合同的不同类型加以分配。

金融理财合同中担任理财管理人的金融机构的权利包括理财计划管理权、理财服务收益权、理财合同变更权、选任权四类。理财管理人理财义务的基础是理财管理人与客户之间的信赖关系。由信赖关系衍生的信赖义务是理财管理人义务的主轴。托管人的权利义务配置主要涵盖保管、清算、监督和收取托管费等方面。受益人的受益权是受益人权利的核心。

金融理财合同中的信息披露制度

4.1 金融理财合同中的信息披露义务的理论基础

在金融理财市场上，金融机构和投资者之间的信息是非对称的，金融机构是信息优势方，投资者是信息劣势方。金融机构易于发生“逆向选择”行为和“道德风险”行为，损害投资者的利益，从而导致金融理财市场的混乱，损害金融机构、投资者和社会的利益，因此，它们均有积极性致力于缓解乃至消除金融理财市场上的非对称信息，以达到规范金融理财市场、维护自身利益的目标。解决金融理财合同中信息不对称问题的主要手段是信息披露制度。但由于金融机构的自愿性信息披露的目标与边界之间往往存在矛盾，单纯依靠金融机构自愿披露信息难以完全消除非对称信息。作为信息劣势方——投资者公共利益代表者的政府必须强制金融机构进行信息披露，缓解乃至消除投资者的信息劣势以维护其利益。从《合同法》的角度，就是在金融理财合同中确定金融机构的信息披露义务。

4.1.1 金融理财合同中的委托—代理结构是信息披露义务的基础

在生产与交换相对简单的农业社会或工业社会发展初期，人们可以凭借自身力量处理事务，而不必要求其他人代为处置；或许偶然有此种必要，一般将其交与亲友为之即可，并不涉及所谓风险分担或监控问题。但在现代专业化分工的社会中，则充满了相互合作的代理关系（Principal - Agent Model）。在双方分工与合作的过程中，由于各自对风险偏好的态度不同，从而产生了所谓风险分担问题（Risk - Sharing Problem）。除此之外，由于本人（Principle）与代理人（Agent）的效用函数不同，代理人极易发生损害本人利益的行为，如利益冲突交易（Conflicts of Interest）与偷懒行为（Shirking），即产生所谓的代理问题（Agency Problem）。本人如何监控代理人在目标一致的情况下尽力发挥自身的能力，则成为代理理论的另一研究重点。因此，代理理论是以代理关系（Agency Relationship）来研究或解释某些人类行为的理论，其所讨论的核心问题是“风险分担问题”与“代理问题”。①

根据 Jensen、Michael C. 和 William H. Meckling 的定义，委托—代理关系是指这样的一种显露或隐含的契约，根据它，一个或多个行为主体指定、雇用另一个或一些行为主体为其提供服务，同时授予后者一定的决策权利，并依据其提供服务的数量和质量支付相应的报酬。授权者就是委托人，被授权者就是代理人。从根本上讲，委托—代理关系来源于市场参与者之间的信息不对称。因而委托—代理关系本质上是市场参与者之间信息差别的一种社会契约形式，是掌握较多信息的代理人与掌握较少信息的委托人之间展开的一场博弈。从信息差别来看，具有信息优势的一方为代理人，具有信息劣势的一方为委托人。根据信息经济学的有关观点，构成委托—代理关系的基本条件有两个：一是市场中存在两个以上相互独立的个体，且双方都是在约束条件下的效用最大化者；二是代理人与委托人都面临着市场的不确定性和风险，且二者所掌握的信息是非对称的。②

对金融理财合同而言，以上两个条件是完全满足的。金融理财合同体现了典型的委托—代理关系。从金融理财合同的制度安排来看，金融理财作为一种间接融资方式，其实际投资者和名义投资者是相互分离的。金融理财的资产所有者为投资者，投资者处于委托人的地位。理财管理人并不拥有理财资产的所有权，只是接受投资者授予的投资管理权对理财资产进行管理和使用，收取管理费，理财管理人处于代理人的地位。由于投资理财产品的投资人与管理人之间缺乏完全的信息，投资人并不能无成本地观察到理财管理人的行为，特别是投资人不能观察到管理者所选择的投资组合的收益分布，而管理人是按照使自己利益最大化的方式来选择投资组合的，投资人就不得不考虑管理人选择的组合是否符合投资人自身的效用目标，这就是金融理财合同结构的主要问题。

① Boatright J R, “Conflicts of Interest: An Agency Analysis, In Ethics and Agency Theory”, Oxford University Press (1992), pp. 25 – 27.

② Jensen, Michael C., and William H. Meckling, “Theory of the Firm: Managerial Behavior, Agency Costs and Ownership Structure”, *Journal of Financial Economics*, Vol, 3: 303 – 360, 1976.

换句话说，金融理财合同的委托—代理风险来源于三个方面：投资者与理财管理人之间的信息不对称；理财合同结构中理财管理人与投资者等相关利益主体的行为目标不同产生的利益冲突；理财合同的不完全性。正是由于金融理财合同中的委托—代理风险，才进而产生逆向选择、道德风险等问题。

1. 投资者与理财管理人之间的信息不对称

信息不对称是委托—代理理论中的核心概念。所谓信息不对称是指这样一种情况，代理人一方知道该信息而委托人一方不知道，甚至第三方也无法验证，即使能够验证，也需要花费很大的物力、财力和精力，在经济上是不划算的。信息不对称理论就是用以说明相关信息在交易双方的不对称分布对于市场交易和市场运行效率所产生的一系列影响。那些最可能造成不利（逆向）结果即造成偿还风险的资金使用者，常常就是那些寻找资金最积极，而且是最可能得到资金的人。资金使用者可能从事投资者不希望看到的那些有较高风险的活动，因为这些活动使得这些投资者血本无归。由于逆向选择和道德风险的存在，酝酿着巨大的投资风险，投资者可能最终放弃投资的打算。

在金融理财合同的委托—代理关系中，作为代理人的理财管理人具有信息优势，他们对自己的能力、努力程度等方面的了解都要超过投资者，同时具有隐藏行动和隐藏信息的可能；管理人可以利用自己的信息优势，通过降低努力水平或其他机会主义行为来达到自我效用的最大满足，甚至不惜损害投资者的利益。而投资者则处于信息劣势，属于弱势群体，投资者无法观察到管理人的很多投资行为，也往往无法对理财管理人的管理能力作出非常清楚的判断，其利益也容易受到损害。可以说，投资者与理财管理人之间的信息不对称是金融理财活动中委托—代理风险的最本质来源。

2. 金融理财合同结构中理财管理人与投资者等相关利益主体的利益冲突

在市场经济条件下，经济人的行为是利益驱动和制度安排的结果。在金融理财市场中，投资者（客户）、理财管理人和托管人有着不同的效用函数和约束条件，他们的目标都是追求自身效用的最大化。投资者的利益在于取得投资收益的最大化，与此同时承担尽可能小的投资风险。理财管理人则在金融市场上发挥自己专业化、规模化的理财优势，力争实现理财资产的增值；以提供这样的智力服务为前提，提取相应的管理费用。理财管理人的利益在于获得管理费的最大化。托管人代理投资者履行保管理财资产，并且负责处理投资运作的具体清算交割业务，托管人的引入关键在于隔断风险，防止管理人侵害投资者的利益。作为提供这样服务的前提，托管人要收取相应的报酬——托管费。他所追求的目标是尽可能多地获得托管费。可以看出，三者追求的目标明显不同。

这种利益偏差极易导致的结果是一方在追求自己利益的同时，损害他方的利益，或者干脆通过损害他方利益的行为来实现自己的利益。在这三者中，理财管理人所处的特殊地位导致他更容易发生道德风险。在多数金融理财合同（特别是风险自担型理财合同）中，管理人拥有对理财资产的剩余控制权，而不享受理财资产剩余收入的索取权；投资者承担理财资产运作过程中的所有风险，而不拥有对理财资产的控制权。剩余控制权与剩余索取权的不匹配是金融理财合同的本质特性。剩余控制权与剩余索取权的不对称导致三个具体问题：一是转移剩余收入。管理人通过关联交易、内幕交易、互惠交易等将理财产品的利润转移出去，使投资者无法获取全部应得的收益。二是创造剩余收入激励不足。既然大部分的理财资产的剩余收入都归投资者（客户），理财管理人有什么动力去开发对理财资产有利可图的投资项目呢？类似地，投资者也没有任何激励来开发对理财资产有效运作的方法或投资目标，因为他必须就实施新的更有效的运作方法和投资目标与理财管理人相协商，而这又涉及更改集合理财计划或基金章程的问题。相对于单个投资者而言，更改集合理财计划或基金章程的成本是其无法承受的。三是降低剩余收入的“质量”。理财管理人为了提取更多的管理费，利用对理财资产的剩余控制权，操纵资产净值，操纵市场。这些操作方法虽然短期内有可能增加理财资产的剩余收入，但它是以投资者承担更高风险为代价的。而对于大多数委托理财的投资者而言，当前的收入不是最重要的，最重要的是收入的稳定性。可以看出，理财管理人的信息优势往往是各方利益偏差所带来的矛盾焦点。因此，要确保投资者的合法利益，就需要构建以理财管理人为核心的信息披露义务制度。

3. 金融理财合同的不完全性

合同的不完全性理论认为，由于合同是不完全的，所以事前的专用性投资无法写入契约。一旦自然状态实现，在这种具有双边锁定特征的再谈判过程中，投资方就面临被对方“敲竹杠”（Hold Up）或攫取“可占用性准租金”的风险，即投资者投资的边际收益中有一部分被对方分享了。预期到这种敲竹杠行为，投资者在事前就会投资不足。[①] 合同的不完全性的原因可以概括为三类成本：一是预见成本，即当事人由于某种程度的有限理性，不可能预见到所有的或然状态；二是缔约成本，即使当事人可以预见到或然状态，以一种双方没有争议的语言写入合同也很困难或者成本太高；三是证实成本，即关于合同的重要信息对双方来说是可观察的，但对第三方（如法庭）是不可证实的。[②]

如果是缔约成本造成了合同的不完全，那么在一定条件下，国家可以提供某种形式的“默示规则”（Default Rule），按照某种规则来调整合同不完全是当事人的权利和义务，在司法实践中通常表现为司法解释或者判例。由于国家立法具有规模经济的优势，因此，当国家创设默示规则的一次性成本小于私人解决问题的总成本之和时，国家提供默示规则就是值得的。[③]

如果是证实成本导致了合同的不完全，那么根据合同履行规则，法庭基于某些可证实的条款强制执行合同通常优于提供默示规则。因为缔约各方不会把那些不可证实的条款写入合同，所以在这种情况下国家提供默示规则就是无效的。[④] 但是，在金融理财合同中的很多情况下，条款的可证实性依然取决于金融机构披露信息的状况。

如果是预见成本造成了合同的不完全，那么在双方信息不对称的情况下，法庭通过否决（Avoiding）还是认可（Upholding）合同，可以迫使有信息优势的一方主动揭示信息。[⑤]

合同的作用在于规范利益相关者之间的责、权、利，进而降低交易成本，提高资源配置效率、增进整体福利。但是，合同这一职能的发挥是有条件的，即合同具有完备性，要将各种可能性包括在内。合同的完备性需要信息的充分性。因为信息是决策、签约的基础。因此，对于金融理财合同而

① Hart, Oliver and John Moore, “Incomplete Contracts and Renegotiation”, Econometrica 56: 755 – 786, 1988.

② Maskin, E. and J. Tirole, “Unforeseen Contingencies and Incomplete Contracts”, Review of Economic Studies 66: 83 – 114, 1999.

③ Schwartz, A., “The Default Rule Paradigm and Limits of Contract Law”, Southerm California Interdisciplinary Law Journal 3: 389 – 419, 1994.

④ Schwartz, A., “Relational Contracts in the Courts: An Analysis of Incomplete Contracts and Judicial Strategies”, Journal of Legal Studies 21: 271 – 318, 1992.

⑤ Anderlini, L., L. Felli and A. Postlewaite, “Should Courts Always Enforce What Contracting Parties Write?”, Working Paper, 2003.

言，在制度内容设计过程中，关键要分析金融理财合同中不同利益相关者信息披露的具体要求和特点，如投资者更为关注理财产品业绩表现和费用支出情况，交易对手更关注理财产品的风险管理程序和控制制度、各种风险测量结果、理财资产净资产值变化、流动性测度等问题，监管当局则需要了解理财计划的表内外头寸总额、杠杆率水平、较大或集中头寸的明细资料、主要管理者和组织结构、法律地位与投资授权等。在了解各方所需的前提下，有针对性地设计信息披露的时点、频率、详细程度等内容上的要求。因此，提高理财合同完备性的基本原则是保持信息的及时性、相关性、有效性而不会泄露理财计划交易策略的信息，在此基础上，建立最低信息披露标准。

4.1.2 逆向选择与缔约前信息披露义务

逆向选择发生在契约或合同生效前，产生的原因是代理人私人信息的存在。交易双方达成合同前信息就是不对称的，即代理人拥有私人信息而委托人不知道代理人的私人信息，这样委托人就不知道代理人的类型。由于委托人不知道代理人的具体类型，在合作中委托人就会按市场平均值来支付代理人费用。结果是优秀的代理人不满足平均支付而退出交易（到另外的市场）；拙劣的代理人会满意平均支付而留下和委托人进行合作。这样，该市场就剩下拙劣的代理人，这就是逆向选择问题。

Akerlof 教授对此问题进行了开创性的研究。在其《柠檬市场》一文中，以旧车市场为研究对象，认为在此市场中，卖方对其所欲出售的旧车的情况具有充分的了解，而买方却难以了解所欲购旧车的质量，只知道此一市场的“平均质量”。所以，买方最多只愿意以“平均价格”购买，如果旧车的价值高于此一“平均价格”，则卖方将不会出售该车；只有在旧车的价值低于“平均价格”时，卖方才愿意出售。这样就使得质量较好的旧车逐渐退出市场，从而使该市场所欲出售的旧车的“平均质量”越趋下降，“平均价格”也越来越低。如此的恶性循环，最终将导致该旧车市场的崩溃。①

在金融理财合同法律关系中，作为代理人的金融机构的理财能力在大多数情况下对于投资者而言是私人信息，很难被投资者直接了解。金融机构为了促进理财产品的销售，可能隐藏一些不利的信息，或对以往的理财

① Akerlof. G. A.，“The Markets for Lemons：Quality Uncertainty and the Market Mechanism”，84 Quarterly Journal of Economics pp. 488 –500，1970.

产品业绩进行粉饰。国外一些学者研究发现，过去绩效较差的基金经理人会采取粉饰（Window Dressing）行为来防止被董事会解雇。[①] 这就会导致投资人作出错误的判断，即产生了逆向选择问题。对于充当委托人的投资者，为了降低由于选错理财管理人给自己造成的损失，会在对理财管理人平均能力估计的基础上，降低支付的价格，这样就会使能力高的理财管理者无利可图而选择其他机会，而市场上留下的是能力低的理财管理者，造成理财市场的逆向选择现象。其结果是市场中理财管理人的整体质量下降，影响了金融理财市场的运行效率。所以，逆向选择可以认为是一种缔约前的投机问题（Problem of Precontractual of Opportunism），在信息不对称的情形下，作为交易当事人一方的金融机构凭借其所拥有的信息优势，或借提供不真实的信息，缔结对自己有利的理财合同，但却伤害了投资人的利益。此种交易通常不能使资源由评价较低的一方流向评价较高的一方，从而导致资源的无效配置。

对于逆向选择而造成的交易无效率，甚至于市场崩溃问题，理论上而言有两种解决方法：第一种解决方法是，理财管理人（代理人）为了显示自己的类型，选择某种信号，使自己的类型能被投资人（本人）所识别。投资人在观测到理财管理人的信号后，与理财管理人签订契约，就能避免市场交易中出现的低效问题。但是，此信号必须具有相当的可靠性，而且具有一定的限制。如以评级机制作为金融理财能力的信号，这种信号确实可信的前提为：一是低效的理财管理人不能得到高评级；二是无法得到高评级的理财管理人，确实意味着其将在理财市场中效率较低。在这两个前提条件下，以评级机制作为理财能力的信号才具有实际意义。第二种解决方法是由信息的劣势方进行信息甄别。即由投资人提供多种契约供理财管理人作出选择，理财管理人根据自身的特征来选择最适合的契约，并由此来选择行动。无论哪种解决方法，确定理财管理人的信息披露义务都是其基本前提。

4.1.3 道德风险与履约中的信息披露义务

道德风险发生在合同生效后，其产生的原因是私人信息的存在。交易双方达成合同时，信息是对称的（至少双方都认为他们掌握对方的信息），但

---

① Lakonishok, J., A. Shleifer, R. Thaler, and R. Vishny, "Window Dressing By Pension Fund Managers", American Economic Review 56: 4, pp. 777 - 787, 1991.

在合同实施过程中，由于信息不对称，委托人只能观测到结果，而不能直接观测到代理人的行动。当委托人的利益取决于代理人的行动时，代理人在其自身利益最大化的同时会产生损害委托人利益的隐蔽行为，而代理人并不承担他们行为的全部后果，这就是道德风险，它的存在将导致契约履行的低效率。

道德风险可以分为两类：一类是隐藏行动的道德风险模型（Moral Hazard with Hidden Action）。委托人与代理人签订契约时，有关契约的信息与现实状态都能被双方观察到，因此双方拥有共同的信息。但在签订契约后，代理人选择行动，此时委托人无法观测到代理人的行为，产生了信息不对称问题；代理人的行动结果是自然状态与行动的综合，从而委托人无法知道此结果是由代理人的行动所致或是由自然状态所造成，因此需要设计一个激励契约来保证代理人的行动以委托人的利益为出发点。另一类为隐藏知识的道德风险模型（Moral Hazard with Hidden Information）。在此模型中，委托人在缔约时就无法观测到代理人的类型，只有代理人知道自己的类型。因此缔约后，由于各方的效用函数不一致，代理人很可能从事损害委托人利益的行为。[①]

在金融理财业务中，投资者（委托人）的利益要靠理财管理人（代理人）的行动来实现，投资者一般不参与理财资产的投资运作管理决策，这就给理财管理人对投资者隐瞒信息和从事危害投资者利益的行为提供了机会。当理财管理人和投资者的利益不一致时，理财管理人就可利用这种不对称信息作出对投资者不利的行动选择，道德风险就此产生了。金融理财业务中道德风险的表现形式有多种，最典型的可以包括：

（1）自我交易行为（Self－Dealing）。指理财管理人或能接触到理财资产信息的其他内部人（Insiders），使用内部人自身的或其可以控制的个人账户与理财资产发生的交易行为，因为他们知道理财计划的投资信息，与理财产品的交易进行相反的操作，以谋取不当利益。

（2）关联交易。指与理财资产管理人的关联方进行交易，从而损害投资人利益的行为。如配合关联券商的新股发售，以偏离公允价格的方式认购新股；与关联券商联手炒作特定股票，以谋取不正当利益，等等。这些都会导

① ［美］科斯、哈特、斯蒂格利茨等著，李风圣译：《契约经济学》，22页，北京，经济科学出版社，1999。

致理财资产周转率不正常上升，以及运营成本的增加。

（3）费用转移（Expense Shifting）。指担任理财管理人的金融机构将理财运营之外的费用转嫁由理财资产负担。如根据 Nieolaj Siggelkow 的研究，在美国的证券投资基金中，此种费用转移通常采取两种形式：第一种是通过所谓“软费用”（Soft Dollars）的形式将基金管理公司享受的额外服务通过证券经纪商佣金回扣的形式转嫁于基金资产；第二种是利用美国基金业中的 12b-1 费用条款将不属于基金的营销费用转移给基金资产。①

（4）不当提高投资组合风险。在很多金融理财合同中，管理人是按理财资产的一定百分比提取管理费用的，绩效较佳的管理人因资产规模不断增大而能获取较高的报酬。因此，长期绩效较好的理财管理人趋于保守，担心可能的投资失误会导致对理财资产规模的不利影响，而绩效较差的理财管理人则倾向于提高投资组合风险，放手一搏以扭转劣势。

（5）从众行为（Herding）。从众行为是指理财管理人进行投资决策时，不分析其所拥有的信息，而是跟从于其他理财计划管理人的投资决策。从众行为经常导致代理问题的产生。理财管理人完全是因为担心投资决策错误而导致绩效落后于其他理财计划管理人进而影响到自己的利益，从而盲目跟从其他理财计划管理人的决策，这样即使决策错误也可以避免市场的指责，因为其他多数理财计划管理人也同样表现不佳。②

对金融理财业务中道德风险进行控制的途径有很多，但是首先必须在金融理财合同订立和履行的过程中，建立各种机制以从事监督与验证的工作。而验证又需要可靠、充分的信息披露制度，这就需要从法律制度设计上让理财管理人承担履约过程中的信息披露义务。

4.1.4 合同法上的诚实信用原则是信息披露义务的法理基础

诚信是市场经济的灵魂，也是市场经济正常运行的基础。在合同法各项基本原则中，诚信原则更强调行为人依照主观善意行事。它要求金融理财市场参与者应该以最大善意进行理财活动，任何人不得以损害他人利益为目的

① Nieolaj Siggelkow, “Expense Shifting, An Empirical Study of Agency Cost of The Mutual Fund Industry”, Management Department Working Papers, Wharton School, University of Pennsylvania.

② Scharfstein D., and S. Stein, “Herd Behavior and Investment”, American Economies Review, pp. 465-479, 1990.

而滥用权利，义务人也应在诚实信用原则下，善意履行义务，不应借机损害他人的利益。对理财管理人而言，信息披露不仅仅是一种义务，而且也是其是否诚实信用的一种直接体现。做好信息披露工作，树立良好的诚信形象，能为理财管理人赢得一笔不可多得的无形资产。

一般来说，金融市场应是一个最讲求诚实信用的市场。虽然我们生活在一个充满不确定性与风险的世界，但金融市场所蕴涵的不确定性和风险却较一般产品劳务市场要大得多。从质的方面看，在金融市场和产品劳务市场上交换的对象是不同的。从纯交换理论和一般均衡理论的视角可知，商品的不同使用者对商品的边际效用的评价决定着商品的交换比例或商品价格，而金融市场上各种金融资产买卖的本质则是用现在的货币同未来的货币进行交换，而未来是不确定的，不同时点的货币交换比率并不是决定交易能否发生的唯一因素。产品劳务市场的交易是“钱物交易”，交易双方一般没有后续的权利和义务，而金融理财市场的交易则是“钱诺交易”，投资者的全部期盼在于未来某个时点理财管理人的管理行为能够带来未来收益。从量的方面看，普通商品的品质、外观、包装等因素及其与商品价格的联系易于观察、评判和界定，而金融理财市场投资者所要买卖的是特殊的金融商品，是处于不断变化中的结构性金融产品。决定理财产品价格的因素十分错综复杂，受到所投资的各种金融产品市场价格的影响，还要受制于宏观经济景气程度、政府政策变动等外部因素，甚至取决于其他投资者的判断、信心与行动。投资者的决策要面临如此纷繁复杂而又难以确定的因素，这些因素，无论是理财产品的价格信息还是品质信息又都时时刻刻处于运动变化之中，就更加剧了金融理财市场的不确定性及风险。因此，倡导诚信，防止舞弊，保证理财产品的真实、完整、准确的信息能为投资者所利用，改善信息分布的不对称状态，减少理财投资中的不确定性和风险，保障投资人利益，并促进大众投资及交易中的公平竞争，即成为管理金融理财市场、维持交易秩序的主要目的，对投资者的保护成为金融理财法律监管最具体、最直接的目的。

由上可见，金融理财合同中的信息披露义务是合同法诚实信用原则在金融理财合同中的必然反映和要求。若理财管理人、托管人、投资者在金融理财市场上均能秉持诚实信用原则的精神，监管机构在金融理财市场管理中能够彻底贯彻诚实信用原则，就一定能实现保护投资者，确保市场的公平、高效和透明，降低系统风险的目标。

4.2 金融理财合同中的信息披露义务

在金融机构理财业务中，涉及客户知情权的问题集中表现在以下方面：(1) 理财产品的投资去向约定不明，使得客户对其财产的去向缺乏充分知悉。(2) 对投资标的的表述不确定或含糊不清。(3) 对投资产品的背景缺乏披露。(4) 对投资标的的收益预期、支付方式、实时收益信息等未设置披露机制。(5) 对运用客户资金于投资产品所获得的收益分配结构缺乏准确而充分的提示。(6) 客户收益分配方面缺乏适当通知，尤其是在分期支付收益的理财产品中。(7) 理财产品销售后，一般不向客户披露理财资金的管理及运用情况、投资组合及风险收益变化；在理财产品终止时，也不向客户提供详细的产品投资收益情况，客户对资金的操作情况及风险情况一无所知。这七个方面的问题也正是金融理财业务中信息披露义务的主要内容。按披露时间的不同来划分，金融理财合同中的信息披露义务可分为缔约前的披露义务和合同履行中的持续披露义务。

4.2.1 缔约前的信息披露义务

目前，国内金融理财纠纷不断的一个重要原因是金融机构对缔约前的信息披露义务没有严格地履行。从各金融机构的营销策划和手段来看，由于面对激烈的竞争，各金融机构在推销理财产品时，总是过于强调各自理财产品的低风险和高收益，而未就投资可能产生的风险向客户做充分提示。这里可以举个关于工商银行“稳得利”理财产品的例子。“稳得利”人民币理财产品的第一类是“稳得利”新股申购型人民币理财产品（半年期），产品类型被称做固定期限理财产品（保本策略型），预期收益年化收益率3.6%～9.8%。大多投资者都会认为购买此产品，不仅本金肯定可以保全，而且收益率最差能达到3.6%，最好能达到9.8%。但该产品说明书的第七项“风险揭示”中规定，“本产品为非本金保证型理财产品”，在第八项“特别提示”中还可以看到，“本期人民币理财产品预期收益率仅供客户参考，并不作为中国工商银行向客户支付理财收益的承诺；客户所能获得的最终收益以中国工商银行实际支付的为准”的字样。一款“非本金保证型”产品却自称“稳得利”，一款“非本金保证型”产品却用“保本策略型”

作宣传，这是一种严重误导公众的行为。[①] 又如某银行提供的理财协议，其“风险提示及免责”中提示：该产品作为投资类产品，存在资金流动性等风险；由于甲方（客户）或不可抗力原因造成的风险损失，乙方不承担责任。其中的“等风险”还包括哪些，“不可抗力原因”具体指什么，都没有明确提示。因此，金融法规对金融机构理财业务的缔约前信息披露义务作出了规定，信息披露的目标是：向投资者提供充分的信息，说明投资所存在的风险性，以便投资者评估该投资项目是否可行和在多大程度上是一份恰当的投资项目。

金融机构理财业务的缔约前信息披露义务的内容包括：理财投资的资产种类、特征、收益率以及理财收费率；理财机构的资质、管理能力和业绩等情况；理财资金的管理报告和资金托管报告；委托人应承担的各项费用，包括管理费、托管费等的计提标准、计提方法、支付方式等。这些内容基本可以分为两个方面：风险揭示义务和产品说明义务。

1. 风险揭示义务

理财产品缔约前的风险提示问题是引发金融理财合同纠纷的一个重要因素，金融监管机构对此给予了高度关注，并提出了详尽的监管要求。如果作为理财管理人的金融机构不注意遵守这些规定，将使自己在纠纷解决中处于不利的地位。

值得注意的是，监管机构对风险提示问题提出了非常严格的要求。《证券公司客户资产管理业务试行办法》第四十四条规定：“证券公司应当向客户如实披露其客户资产管理业务资质、管理能力和业绩等情况，并应当充分揭示市场风险，证券公司因丧失客户资产管理业务资格给客户带来的法律风险，以及其他投资风险。”《商业银行个人理财业务管理暂行办法》第四十条规定：“商业银行理财计划的宣传和介绍材料，应包含对产品风险的揭示，并以醒目、通俗的文字表达；对非保证收益理财计划，在与客户签订合同前，应提供理财计划预期收益率的测算数据、测算方式和测算的主要依据。”《信托公司集合资金信托计划管理办法》第七条规定：“信托公司推介信托计划，应有规范和详尽的信息披露材料，明示信托计划的风险收益特征，充分揭示参与信托计划的风险及风险承担原则，如实披露专业团队的履历、专业培训及从业经历，不得使用任何可能影响投资者进行独立风险判断的误导性

① 刘保军：《金融机构受托理财监管法律制度研究》，华东政法大学硕士学位论文。

陈述。”

《商业银行个人理财业务风险管理指引》更是对风险揭示的具体表述方式作出明确的最低要求。即商业银行向客户提供的所有可能影响客户投资决策的材料，商业银行销售的各类投资产品介绍，以及商业银行对客户投资情况的评估和分析等，都应包含相应的风险揭示内容。风险揭示应当充分、清晰、准确，确保客户能够正确理解风险揭示的内容。商业银行在向客户说明有关投资风险时，应使用通俗易懂的语言，配以必要的示例，说明最不利的投资情形和投资结果。

商业银行通过理财服务销售的其他产品，也应进行明确的风险揭示。如中国光大银行阳光理财计划中有关风险揭示部分的条款就对各种风险作出说明：（1）信用风险：本产品到期时，若投资实际获得的分配资金不足该信托产品按照相等期限和相应预期年收益率计算所应获得的本金和收益金额，投资人将自行承担由此而导致的理财本金和收益延迟收回乃至损失的风险。信托产品中如国家开发银行对信托贷款作出还款保证，并不意味着该行向本理财产品投资人作出还款保证。该行对信托贷款不承担任何还本付息的责任。（2）市场风险：如果在理财期内，市场利率上升，该产品的预期收益率不随市场利率上升而提高。（3）流动性风险：投资者在某一投资期内没有提前终止权。（4）其他风险：指由于自然灾害、战争等不可抗力因素的出现，将严重影响金融市场的正常运行，从而导致理财资产本金及收益降低或损失，甚至影响理财产品的受理、投资、偿还等的正常进行，进而影响理财产品的资金安全。[①]

商业银行提供个人理财顾问服务业务时，要向客户进行风险提示。风险提示应设计客户确认栏和签字栏。客户确认栏应载明以下语句，并要求客户抄录后签名：“本人已经阅读上述风险提示，充分了解并清楚知晓本产品的风险，愿意承担相关风险。”对于保证收益理财计划和保本浮动收益理财计划，风险提示的内容应至少包括以下语句：“本理财计划有投资风险，您只能获得合同明确承诺的收益，您应充分认识投资风险，谨慎投资。”对于非保本浮动收益理财计划，风险提示的内容应至少包括以下语句：“本理财计划是高风险投资产品，您的本金可能会因市场变动而蒙受重大损失，您应充分认识投资风险，谨慎投资。”

① 参见中国光大银行阳光理财季季盈“T计划”2007年第一期产品说明书。

尽管监管机构通过规章的形式对金融理财管理人的风险揭示义务作出了强制性规定，但在实践中风险提示不足的问题仍然较为容易发生。如在产品名称中显示有诱惑性、误导性或承诺性收益安排的字样；用过于专业化的语言来描述产品风险，并有意将风险抽象化、模糊化；在认购协议和产品说明书中将有关风险提示的表述置于不明显的位置，或将风险因素分散在不同的条款中，有意淡化风险；使用引用性表述，不直接将风险记载于理财产品的核心法律文件（认购协议、产品说明书等）中；在宣传理财产品的资料中故意不提及产品的风险，而在认购协议或产品说明书中则作适当提示，给风险识别能力差的客户群以误导或诱导；等等。

2. 产品说明义务

所谓产品说明义务，是指理财管理人于理财合同订立阶段，依法应当履行的，将理财合同条款、所含专业术语及有关文件内容向客户陈述、解释清楚，以便使客户准确地理解理财合同的风险与收益状况、权利与义务的法定义务。在名目繁多的理财产品中，不同法律关系的定位直接关系到各方权利义务的安排。金融机构在推出产品时，如果在认购协议或者产品说明书等有关文件中对权利义务约定不明，将可能导致法律关系定位模糊，从而引发纠纷。最常见的定位模糊问题有：金融机构的理财产品有无保本的条款不明确，尤其是对于客户可能因为违约赎回的违约金机制不明晰；收益率不确定且提示不充分，有的甚至淡化收益率的“预期”提示，还有的将受托投资产品的收益率与金融机构最终分配给客户的收益率不加区分，甚至有意进行模糊化处理，结果导致客户误解预期收益；在以存款关系为基础的理财产品中，有的故意淡化存款关系，将认购协议或产品说明书中的描述更多地侧重于收益的预期以及挂钩指数或价格；有的认购协议未能清楚理顺存款关系与附条件的关系；有的产品将委托关系中的委托授权故意模糊化；等等。这些故意模糊或淡化的问题，极有可能给司法裁判带来过大的裁量空间，使得双方当事人的权利义务具有很大的不可预见性。产品说明义务就可以促使金融理财合同在签订时明确合同的主要权利义务内容，减少未来的纷争。

在日本，对于产品说明义务的要求主要是通过其《消费者契约法》来处理的。2000 年 5 月，日本制定的《消费者合同法》第 1 条立法目的就开宗明义提到了消费者的信息问题：“鉴于消费者与经营者之间所掌握的信息的质与量及谈判能力上的差别……”，该法不仅使经营者在缔约过程中承担许多信息义务，而且赋予消费者因误解或感到困惑时而撤销已经成立的合同的权利。① 此后又通过《有关金融商品买卖等方面的法律》来保护金融领域内的消费者。从广义的金融商品出发，对经营者施加了向顾客承担说明、解释的一般情报义务。② 日本保险监管机关也要求保险公司销售“变额保险”产品的保险人必须对产品内容（条款）、保险公司一般经营业绩与该专门产品的经营业绩、保险公司经营该产品的风险、该保险合同的特殊交易风险、合同签订的不同选择方案及其比较等内容进行明确说明。

我国有关金融法规对金融机构在开展理财业务过程中的说明义务也作出了要求。如《商业银行个人理财业务管理暂行办法》第四十一条第二款规定：“商业银行将有关市场监测指标作为理财计划合同的终止条件或终止参考条件时，应在理财计划合同中对相关指标的定义和计算方式作出明确解释。”《证券公司客户资产管理业务试行办法》第四十七条规定：“证券公司及其他推广机构应当采取有效措施使客户详尽了解集合资产管理计划的特性、风险等情况及客户的权利、义务。”

理财管理人的产品说明义务履行不充分极易引发纠纷，特别是在对理财产品进行说明时过于强调合同中有利的部分，忽略实现收益的限制性条件，对影响因素避而不谈的情况下。以某银行深圳分行销售的外汇“聚宝盆”为例，根据该业务介绍，客户委托该银行管理外汇，其中设置年固定收益率最高为1.4%，估算每年可获得大约3.5%的年收益。但在后来的实际回报中，根据该业务附加条款，高收益率的前提只存在于USD6个月LIBOR参照利率位于参考区间内的天数，只有达到一定天数才能实现，而这显然是很难实现的。一旦达不到这个前提条件，该业务的收益率便只有1.4%，比一年定期存款还低得多。另外，这项计划还没有取消权，客户必须将资金给银行运作2年。而在销售产品时，营销人员对于这些条件并不作明确、仔细的介绍。这就使得一旦预期收益达不到，容易形成纠纷。

因此，委托理财中管理人应承担对客户的产品说明义务在内容上至少包括：（1）当次委托理财的数目；（2）累计的委托理财金额；（3）理财产品的

---

① ［日］安永正昭著，张严芳译：《日本消费者合同的法律解释》，载梁慧星：《民商法论丛》（第21卷），591页，北京，法律出版社，2001。

② ［日］山本敬三：《消费者契约法的意义与民法课题》，载《民商杂志》，2001年《消费者契约法与二十一世纪法》特集，第123卷，第4、5号合刊。

风险收益性质；（4）理财项目下客户应承担的所有费用。其中，最为重要的是理财产品的风险收益性质。以投资型保险产品为例，保险人（理财管理人）应提醒投保人认真阅读产品说明书，告知投保人哪些利益是保证的，哪些项目是不保证的，哪些是根据保险公司未来的经营情况确定的，并注意利率演示纯粹是描述性的，不能理解为对未来的预期。对于投资连结保险，应注明"投保人要完全承担该产品的投资风险，投资回报具有不确定性，实际投资收益可能为负"。并提醒"投保人所缴纳的保险费并非全部用于投资，而是在扣除风险保障费、经营管理费等费用后进行投资"。对于万能保险，应注明"投资收益具有不确定性"，并提醒"投保人所缴纳的保险费并非全部用于投资增值，而是要扣除风险保障费、经营管理费等各项费用"。同时，提醒投保人"应及时掌握保单状况，及时缴纳保费，避免因保单现金价值不足而影响合同的效力"。对于分红保险，应注明"红利分配是不确定的，也没有固定的比率"。同时，提醒投保人"不同分红保险提供的保障和收益程度不同，应全面考虑分红产品的保障和投资作用，不要将不同分红保险产品的红利作简单、片面的比较，更不能与其他类型的产品收益作比较"。

3. 缔约前信息披露义务的性质

理财管理人的缔约前信息披露义务是法定义务、先契约义务和附随义务。缔约前信息披露义务是理财管理人的法定义务，意味着理财管理人的风险揭示义务和产品说明义务是直接由法律所规定的，所有金融机构在开展金融理财业务时均负有此项义务，一般不允许双方当事人通过约定或者理财管理人以合同条款等方式进行限制和免除。而且，在理财管理人违反缔约前信息披露义务的主观要件上，并不要求存在过错，只要理财管理人未尽缔约前信息披露义务，就构成义务的违反。因此，不论在何种情况下，理财管理人均有义务在订立合同前向客户详细说明理财合同的各项条款，并对客户有关理财合同条款的疑问予以正确的解释，特别是对理财合同中的规定风险、收益的条款作出明确的说明。

缔约前信息披露义务是先契约义务是指，该义务是理财管理人于理财合同订立之际所负的合同义务。也就是说，理财管理人对理财合同的风险揭示和合同条款内容的说明是作为订立合同的一种预备行为，其履行时间应在理财合同订立完成之前。因为缔约前信息披露义务不是合同义务，故这项义务的履行不受理财合同是否有效成立的影响。由于理财管理人所负担的这种特定的信息披露义务是在理财合同订立时履行的，所以又称为先契约义务（Pre－Contractual Duty）。

缔约前信息披露义务是附随义务。依合同义务性质的不同，可将合同的义务分为合同义务和合同附随义务，主给付义务以外的义务统称为附随义务[①]。附随义务的概念，起源于20世纪初的德国民法判例学说。[②] 德国学者将主给付义务以外的义务称为附随义务，但同时又将附随义务分为独立的附随义务和非独立的附随义务；或者称给付相关的附随义务和其他行为义务。[③] 在我国台湾地区，史尚宽先生认为，依诚信原则，债务人于契约及法律所定内容之外，尚负有附随的义务。此附随义务，又可分为两种：一为辅助的或非独立的附随义务，并无独立目的，唯保证主给付之义务履行；二为补充的或独立的附随义务，为达一定之附从的目的而担保债之效果完全实现。[④] 王泽鉴先生认为，附随义务按契约关系是一种基于信赖而发生的法律上的特别结合关系，为使债权能够圆满实现，或保护债权人的其他利益，债务人除承担给付义务外，尚应履行其他行为义务，主要有协力义务、通知义务、照顾义务、保护义务及忠实义务等。诸此义务，系以诚信原则为基础，并非自始确定，而是随着债的关系的进展，依事态情况而发生，故在学说上称为附随义务。[⑤] 黄茂荣先生认为，债务人对于债权人所负之义务通常可先大略分成：主要给付义务、附随给付义务及附随义务。其中附随义务通常可再分为说明义务、忠实义务及保护义务。[⑥] 我国大陆的费安玲教授则指出，附随义务是指依合同关系发展情形且根据诚实信用原则所产生的为保障债权人给付利益的实现而承担的义务。它体现了如下特征：第一，附随义务不是合同约定中必然存在的义务，相反，是在合同约定之外具有或然性的义务；第二，附随义务的产生直接来自于法律的规定，但是，其将诚实信用原则作为其基本法律理念和是否产生的判断标准；第三，附随义务产生的目的旨在使合同当事人的利益得到最大程度上的实现；第四，附随义务不仅可以产生于合同关系存续期间，而且可以在缔约过程中和合同关系结束后的阶段存在。[⑦] 在金融理财合同中，无论是缔约前信息

---

① 姚志明：《诚信原则与附随义务之研究》，51页，台湾，元照出版有限公司，2003。

② 张广兴：《债法总论》，165页，北京，法律出版社，1997。

③ Palandt/Heinrichs, Burgerliches Gesetzbuch (komment), 58. Auflage, 1999, §242Rn. 23. ff；侯国跃：《契约附随义务研究》，28页，北京，法律出版社，2007。

④ 史尚宽：《债法总论》，341页，北京，中国政法大学出版社，2000。

⑤ 王泽鉴：《民法学说与判例研究》（第一册），96页，北京，中国政法大学出版社，1998。

⑥ 黄茂荣：《债法总论》（第一册），38页，北京，中国政法大学出版社，2003。

⑦ 费安玲：《论合同法中的附随义务》，载《中国司法》，1999（10），27页。

披露义务，还是合同履行过程中的信息披露义务，都是基于诚实信用原则的考量，为维护合同当事人之间的信赖关系而确立的不具有给付意义的附随义务。

4.2.2 合同履行中的持续信息披露义务

合同履行中的持续信息披露义务是指理财管理人于受托理财业务中，依法将与其理财产品运营有关的可能影响客户投资判断的信息予以公开，以供客户作投资判断参考的合同义务。如前文所言，这种义务在合同义务体系中属于附随义务。与缔约前信息披露义务的性质有所区别的是，合同履行中的持续信息披露义务除了法定义务外，当事人还可以就披露内容作出额外的约定。理财合同履行中的持续信息披露义务包括定期披露义务和即时披露义务。根据相关监管法规的要求，理财管理人在合同履行中的信息披露应满足以下要求：（1）全面性：这是对理财管理人信息披露范围的要求。完整披露要求理财管理人依法充分完整地公开所有法定项目的信息，不得有遗漏和短缺。要充分披露可能对客户投资权益或投资单位的价值或交易价格产生重大影响的信息，不得有任何隐瞒或重大遗漏。（2）真实性：信息披露的核心是信息的真实性。披露的信息应当真实、准确，不得有虚假记载或误导性陈述。（3）时效性：这是对信息披露操作的时间要求。定期披露要求理财管理人在法定或约定期限内提供披露文件；即时披露要求理财管理人毫不拖延地依法披露有关的重要信息。这三项要求是所有理财业务中管理人应当遵循的披露准则。

1. 定期披露

定期披露即理财管理人以定期资产管理报告的形式向客户披露法律法规和理财合同要求提供的信息的义务。由于我国有关金融理财的法规政出多门，各监管机构对各自监管领域内定期披露的最低要求也有所不同，特别是对定期报告披露的频率即报告时间间隔的规定不一样。

在商业银行个人理财业务中，《商业银行个人理财业务管理暂行办法》要求，在理财计划的存续期内，商业银行应向客户提供其所持有的所有相关资产的账单，账单应列明资产变动、收入和费用、期末资产估值等情况。账单提供应不少于两次，并且至少每月提供一次。此外，商业银行应按季度准备理财计划各投资工具的财务报表、市场表现情况及相关材料，相关客户有权查询或要求商业银行向其提供上述信息。[①] 商业银行与客户还可以对定期披露的期间和内容另行予以约定。

《信托公司集合资金信托计划管理办法》对信托公司理财业务的定期披露义务是这样要求的：信托计划设立后，信托公司应当依信托计划的不同，按季制作信托资金管理报告、信托资金运用及收益情况表。信托资金管理报告至少应包含信托财产专户的开立情况；信托资金管理、运用、处分和收益情况；[②] 信托经理变更情况；信托资金运用重大变动说明；[③] 涉及诉讼或者损害信托计划财产、受益人利益的情形；信托计划文件约定的其他内容。[④]

相比较而言，中国证监会对证券公司理财业务定期披露的最低期间的规定比较宽松。《证券公司客户资产管理业务试行办法》的要求是，证券公司应当至少每三个月向客户提供一次准确、完整的资产管理报告，对报告期内客户资产的配置状况、价值变动等情况作出详细说明。[⑤] 同时也允许理财合同当事人对此作出约定，证券公司应当保证客户能够按照资产管理合同约定的时间和方式查询客户资产配置状况等信息。

在实践中，由于监管机构对于定期披露的要求过于抽象，金融机构在金融理财合同的制作中基本按照相关法规的最低要求设计定期披露的义务内容。中国光大证券股份有限公司“光大阳光2号集合资产管理计划资产管理合同”相关规定如表4－1所示。

---

① 《商业银行个人理财业务管理暂行办法》第二十八条、第二十九条。

② 根据《中国银行业监督管理委员会关于信托投资公司集合资金信托业务信息披露有关问题的通知》的相关规定，集合信托计划涉及证券投资的，应披露交易人员的授权投资金额和风险敞口控制措施、投资组合的调整策略及期限、投资前（中、后）的研究分析、投资研究中参数选择的依据等内容，并列出股票、债券的品种，市值大小，市场风险价值敞口和压力测试结果。

③ 根据《中国银行业监督管理委员会关于信托投资公司集合资金信托业务信息披露有关问题的通知》的相关规定，包括集合信托计划推介时列明的信托资金运用项目的最新情况，影响收益的因素变化情况，以及信托投资公司对项目采取的后续风险管理情况；新增信托资金运用项目的尽职调查报告、项目基本情况和收益状况。

④ 《信托公司集合资金信托计划管理办法》第三十七条。

⑤ 《证券公司客户资产管理业务试行办法》第四十八条。

表 4－1　光大阳光 2 号集合资产管理计划资产管理合同相关规定

（二）定期报告 1. 计划资产净值公告 每个开放日（T 日）公布 T－1 日计划资产单位净值、单位累计净值；并于 T＋1 日披露 T 日的计划资产单位净值（即参与、退出价格）、单位累计净值。 2. 计划资产管理报告 计划成立后，计划管理人应于每三个月结束后的 15 个工作日内向委托人提供准确、完整的资产管理报告和资产托管报告，对报告期内计划资产的配置状况、价值变动情况作出详细的说明。 3. 计划托管报告 计划成立后，计划托管人应于每三个月结束后的 15 个工作日内向委托人提供资产托管报告，对报告期内计划资产的托管情况作出详细的说明。 4. 年度审计报告 按照《证券公司客户资产管理业务试行办法》、《关于证券公司开展集合资产管理业务有关问题的通知》的规定，管理人每年将聘请会计师事务所对集合资产管理计划的运营情况单独进行年度审计，并以信息披露的方式提供给客户。

由于证券投资基金在金融理财业务中最具有公众性，因此法律对证券投资基金合同履行中的信息披露要求也最为严格。《证券投资基金法》要求证券投资基金的信息披露采取在指定媒体公开披露的方式。在定期披露方面，包括基金财产的资产组合季度报告、财务会计报告及中期和年度基金报告。中国证监会在《证券投资基金信息披露内容与格式准则第 1 号》中对证券投资基金的信息披露还作出了具体要求。如国泰金鹰增长证券投资基金基金契约相关规定如表 4－2所示。

表 4－2　国泰金鹰增长证券投资基金基金契约相关规定

（五）定期报告 本基金定期报告包括年度报告、中期报告、基金投资组合公告、基金净值公告及公开说明书，由基金管理人和基金托管人按照《证券投资基金管理暂行办法》、《开放式证券投资基金试点办法》的规定和中国证监会颁布的有关证券投资基金信息披露内容与格式的相关文件进行编制并公告，同时报中国证监会备案。 1. 年度报告：基金年度报告经注册会计师审计后在基金会计年度结束后的 90 日内公告； 2. 中期报告：基金中期报告在基金会计年度前 6 个月结束后的 60 日内公告； 3. 基金投资组合公告：基金投资组合公告每季度公布一次，于截止日后 15 个工作日内公告； 4. 基金单位资产净值公告；每开放日公布前一开放日的基金单位资产净值； 5. 公开说明书：本基金成立后，于每 6 个月结束后 30 日内公告公开说明书，并在公告时间 15 日前报中国证监会审核。公开说明书公告内容的截止日为每 6 个月的最后一日。

2. 即时披露

即时披露是指理财管理人（金融机构）按有关法律法规及理财合同的规定，在定期披露时间以外发生重大事项时，须及时向客户或社会公众披露信息的义务。即时披露是理财管理人持续信息披露义务的重要组成部分。即时披露的形式是客户通知或即时公告（临时公告）。理财管理人即时披露义务主要涉及两方面问题：一是披露的范围；二是披露的时间和形式。

对于信托公司的理财业务，监管部门要求在信托财产可能遭受重大损失、信托资金使用方的财务状况严重恶化、信托计划的担保方不能继续提供有效的担保等情况下，信托公司应当在获知有关情况后三个工作日内向受益人披露，并自披露之日起七个工作日内向受益人书面提出信托公司采取的应对措施。信托计划终止，信托公司应当于终止后十个工作日内作出处理信托事务的清算报告，经审计后向受益人披露。信托文件约定清算报告不需要审计的，信托公司可以提交未经审计的清算报告。[①] 信托合同到期前一个月，信托投资公司应当就集合信托计划能否按信托合同的约定向信托受益人交付信托财产向监管部门提交书面报告。预计可能无法按信托合同的约定向信托受益人交付信托财产的，应当在报告中同时提出应对措施，并及时向信托文件规定的人披露。在披露方式上，信托投资公司在履行集合资金信托业务信息披露义务时，必须采用书面形式，但委托人和受益人以书面形式声明选择其他信息披露方式的除外。在此基础上，信托投资公司可以根据实际需要，采用电话、电子网络等形式披露相关信息。[②]

对于证券公司的理财业务中的即时披露问题，《证券公司客户资产管理业务试行办法》完全交由当事人商定。按照该办法第四十八条的相关规定，发生资产管理合同约定的、可能影响客户利益的重大事项时，证券公司应当及时告知客户。至于哪些事项属于可能影响客户利益的重大事项，需要理财合同作出具体规定。中国光大证券股份有限公司“光大阳光2号集合资产管理计划资产管理合同”规定，需要即时披露的重大事项包括：本计划资产投资于管理人、托管人所控股或者参股的基金管理公司所募集的基金；重大诉讼、仲裁事项；本计划提前终止；负责本计划投资主办人员；变更代理推广

① 《信托公司集合资金信托计划管理办法》第三十一条。

② 参见《中国银行业监督管理委员会关于信托投资公司集合资金信托业务信息披露有关问题的通知》相关内容。

机构；巨额退出；其他可能对集合资产管理计划的持续运作产生重大影响的事项。

《商业银行个人理财业务管理暂行办法》则仅仅对理财计划终止或理财计划投资收益分配时规定即时披露义务，要求商业银行应向客户提供理财计划投资、收益的详细情况报告。[①]

4.3 小结

金融理财合同的委托—代理风险来源于三个方面：投资者与理财管理人之间的信息不对称；理财合同结构中理财管理人与投资者等相关利益主体的行为目标不同产生的利益冲突；理财合同的不完全性。正是由于金融理财合同中的委托—代理风险，才进而产生逆向选择、道德风险等问题。

逆向选择发生在契约或合同生效前，产生的原因是代理人私人信息的存在，使得交易双方达成合同前信息就是不对称的。在信息不对称的情形下，作为交易当事人一方的金融机构凭借其所拥有的信息优势，或借提供不真实的信息，缔结对自己有利的金融理财合同，但却伤害了投资人的利益。此种交易通常不能使资源由评价较低的一方流向评价较高的一方，从而导致资源的无效配置。因此，需要在金融理财合同订立时就确定金融机构缔约前的信息披露义务。

金融机构理财业务的缔约前信息披露义务的内容包括：理财投资的资产种类、特征、收益率以及理财收费率；理财机构的资质、管理能力和业绩等情况；理财资金的管理报告和资金托管报告；委托人应承担的各项费用，包括管理费、托管费等的计提标准、计提方法、支付方式等。这些内容基本可以分为两个方面：风险揭示义务和产品说明义务。在性质上，理财管理人的缔约前信息披露义务是法定义务、先契约义务和附随义务。

道德风险发生在合同生效后，其产生的原因是私人信息的存在。交易双方达成合同时，信息是对称的（至少双方都认为他们掌握对方的信息），但在合同实施过程中，由于信息不对称，委托人只能观测到结果，而不能直接观测到代理人的行动。对金融理财业务中道德风险进行控制的途径有很多，但是首先必须在金融理财合同履行的过程中，建立各种机制来从事监督与验

① 参见《商业银行个人理财业务管理暂行办法》第三十条的相关规定。

证的工作。而验证又需要可靠、充分的信息披露，这就要求理财管理人负担履约过程中的信息披露义务。

合同履行中的持续信息披露义务是指理财管理人于受托理财业务中，依法将与其理财产品运营有关的可能影响客户投资判断的信息予以公开，以供客户作投资判断参考的合同义务。金融理财合同履行中的持续信息披露义务包括定期披露义务和即时披露义务。根据相关监管法规的要求，理财管理人在合同履行中的信息披露应满足全面性、真实性、时效性的要求。

由于分业监管体制的影响，我国金融理财信息披露制度政出多门，在披露义务的要求上不尽相同，这是完善我国金融理财业务和合同制度亟待解决的问题。

第5章

金融理财合同效力判断中的几个特殊问题

合同的效力是合同法律问题中的关键问题之一。对合同效力的确认，不仅直接关系到合同法律关系的确立与否，而且也是决定当事人之间具体权利义务关系的主要依据。

金融理财合同应当归于合同范畴，其效力的认定当然不能违反《中华人民共和国民法通则》和《合同法》有关合同效力认定的一般规则。但金融理财合同又是一类新型的合同，金融理财与金融市场的交易密切相关，它的产生有其特定的背景和经济发展的必然性，应当考虑金融管制的特殊要求。相对于《合同法》中的合同而言，金融理财合同不仅要符合一般合同的基本要件，同时也要更多地体现这类合同的特殊性。金融理财合同的效力判断，除了要依据《合同法》中关于合同效力的规范外，还要考虑金融理财合同作为金融业务的一种，受到金融业法管制而引发的效力判断问题。

5.1 金融理财合同缔约中存在的违法因素对合同效力的影响

5.1.1 金融管制对合同效力的影响

金融理财业是“公共性”产业。金融机构经营的金融理财业务的资产主要来源于社会公众的储蓄，而理财资产的运用又是面向社会公众的，因而金融理财机构的经营状况、行为、业绩等都会对社会公众产生直接的影响。同时，金融机构在经营过程中面临着诸多风险，如信用风险、市场风险、流动性风险、操作风险、信誉风险、系统风险及法律风险等。仅法律风险又包括文件起草漏洞、当事人的权利和授权瑕疵、交易合同的合法性及强制执行力等风险。金融风险具有很强的波及性，一家或几家金融机构出现危机会迅速波及其他金融机构，甚至会形成整个金融业的危机，更严重的是危及整个社会经济的健康发展。因此，为了避免因个别的金融机构的风险而引起金融危机，各国对于包括金融理财在内的金融业务都进行不同程度的管制。

具体来说，金融理财业作为一项新兴的金融业务，金融监管机构通过行政法规或规章的形式对这类业务的开展、促销、服务等一系列环节加以限制和规范，从而形成若干金融理财合同缔约中的行政强制规范。这些行政强制规范制定的目的，一方面在于维护金融秩序，另一方面则是保护投资者的利益。这种管制在私法上与金融理财合同的关联性主要体现在金融法中行政强制规范对合同效力的影响。我国《合同法》第五十二条规定："有下列情形之一的，合同无效……（五）违反法律、行政法规的强制性规定。"那么，在金融理财合同缔约过程中，违反有关金融理财行政强制规范的合同或合同条款是否必然无效呢?

1.《合同法》第五十二条与金融管制规则的关系

《合同法》第五十二条第五款通过引致规则将金融理财合同的效力判断问题与金融管制规则之间建立起有机联系。从字面含义看，金融理财合同当事人的缔约行为或内容一旦违反金融管制规则中具有强制力的规范，就应归入无效合同的范畴。但是，如果我们考察各国关于"违法无效"合同的规则及其运用，就会发现事情并不是那么简单。

大陆法系民法制度违法无效的一个重要立法例是德国《民法典》第134条的规定。该条的表述是："法律行为违反法律上的禁止时无效，但法律另有规定的除外。"仅仅涉及强制规范中的禁止性规范。而对于符合德国《民法典》第134条的禁止性规范的判断则更为复杂。学者们认为，从法律术语的角度，当一个法律行为违反了使用"不应"（Soll Nicht）、"只能"（Soll Nur）这样的"应为条款"（Sollvorschrift）的禁止规范时，并不影响其有效性。而在违反的"不得"（Darf Nicht）规范时，法律往往规定行为无效。①

依德国学者梅迪库斯的观点，德国《民法典》第134条所谓的"法律上的禁止"，针对的是不属于民法领域的，并且仅仅规定了民法以外的制裁措

---

① ［德］卡尔·拉伦茨著，王晓华等译：《德国民法通论》（下册），590页，北京，法律出版社，2003。

施（如刑法上的可罚性或行政法上的许可的可撤销性）的法律禁令。[①] 海因·克茨则认为，“法规并不提及订立时违反其条文规定的合同效力与否的问题。法规仅规定，违反者应受处罚，撤销其许可证或进行其他处罚”。[②] 仅仅规定公法责任的禁止规定，并没有提及违反行为的私法效力如何，私法效力的认定还得从禁止规定的意义和目的去解释，看其是否有否定违反行为的私法效力的用意，如果违反禁止规定的行为属于禁止规定的意义和目的所要求的，则违反禁止规定的行为完全无效。[③]

在现代社会，金融是整个经济的核心。任何一种金融活动的开展，都会对社会经济产生广泛的影响。在尊重市场机能的前提下，就要求从社会经济整体利益的需要出发，对金融业实行宏观调控和有效监管，这也正是金融管制规则的一项重要功能。金融管制规则通过其确认、引导、规范、调节、保障机能，规范金融监管和调控的方式、方法，规定金融违法行为的惩处、制裁措施等。在这个系统中的金融管制规则由于其机能的不同，在规则的强制程度上会呈现出差异和变化。我们应结合金融市场运作规律和管制方式来确定违反金融管制规则的金融理财合同的效力，而不能简单地作有效或无效的回答。若一概宣布为无效，不但不能实现立法的目的，反而会侵害弱者的利益，造成新的不公平，还可能损害金融市场的活跃度和金融交易安全。《合同法》第五十二条第五款对金融管制规则的引致也需要考虑其强制程度上的差异以及与在强制目的上与私法效力的关联性。在现行的法律框架下，从理论上对强制性规定进行类型化研究，对于妥善处理违反法律强制性规定的金融理财合同的效力，不但必要而且必需。

2. 违反强制性规范合同效力判断的基本方法

违反强制性规范合同效力判断的基本方法是对强制规则功能的类型化。一般来说，我们可以将法律规范分为强行性规范和任意性规范。所谓强行性规范，是指不得通过当事人的约定来排除该项规范适用的法律规范。

从海外立法及学说来看，一般并不认为所有违反法律强制性规定的合同

---

① ［德］迪特尔·梅迪库斯著，邵建东译：《德国民法总论》（第2版），483页，北京，法律出版社，2001。

② ［德］海因·克茨著，周忠海等译：《欧洲合同法》（上卷），234～235页，北京，法律出版社，2001。

③ ［德］卡尔·拉伦茨著，王晓华等译：《德国民法通论》（下册），588页，北京，法律出版社，2003。

都是无效的。总体上来看，都是采取了对法律强制性规定进行分类的办法，违反不同类别的强制性规定则导致不同的法律后果。就合同效力而言，德国普通法将强行法分成四个部分：一是以违反行为为无效且处以刑罚者，为超完全法规；二是仅以违反行为为无效，为完全法规；三是不以该违反行为为无效仅处以刑罚者，为次完全法规；四是不以该违反行为无效也不处以刑罚者，为不完全法规。[①] 可见，只有违反超完全法规和完全法规的行为才会导致合同无效，违反次完全法规和不完全法规不会产生法律行为无效的后果。

问题是如何判断强制规则属于超完全法规或完全法规呢？这仍然需要通过对强制规则的强制方式和功能作出划分来判断。理论上认为，强行性规范包括强制性规范与禁止性规范两种。强制性规范，指命令当事人应为一定行为之法律规定；禁止性规范，指命令当事人不得为一定行为之法律规定。[②] 根据德国《民法典》第134条的规定，法律行为只有在违反法律上的禁止时无效，但法律另有规定的除外。也就是说，违反禁止性规范的合同才原则上无效，但是这并不表明违反禁止性规范的合同必然无效。依德国学者的观点，其《民法典》第134条的规定“事实上没有说明什么”，因为该条并没有具体规定什么情况下的合同属于无效。“如果认为任何违反法律禁止规定的行为都为无效的行为，就完全错了”。[③]

根据禁止性规范对合同效力的影响，学理上将禁止性规范区分为效力性的禁止性规范和管理性（或取缔性）的禁止性规范。所谓效力规范，是以否认合同效力为目的的规定，违反效力规范，合同无效；所谓取缔规范，是以对违反者加以制裁，以防止其行为，而不以其行为无效为目的的规定，违反取缔规范，并不导致合同无效，仅当事人受制裁而已。效力规范着重违反行为的法律价值，以否认其法律效力为目的；取缔规范则着重违反行为的事实价值，以禁止其行为为目的。[④] 在我国台湾地区，“民法典”第71条规定：法律行为，违反强制或禁止之规定者，无效。但其规定并不以之为无效者，不在此限。这与德国《民法典》的规定是类似的。学者和司法实务也大都主张把强行法规范区分为效力规定与取缔规定。台湾地区“最高法院”的判例

① 武钦殿：《合同效力的研究与确认》，120页，长春，吉林人民出版社，2001。
② 王泽鉴：《民法实例研习（民法总则）》，70页，北京，中国政法大学出版社，1995。
③ [德] 卡尔·拉伦茨著，王晓华等译：《德国民法通论》，588页，北京，法律出版社，2003。
④ 史尚宽：《民法总论》，330页，北京，中国政法大学出版社，2000。

认为，违反禁止规定的效果，应先判断该禁止规定为取缔规定或效力规定，判断的依据为有无其他法律责任的规定，取缔性规定无第71条的适用。[①] 只有违反效力性规定的法律行为才是无效的民事行为。

我国大陆很多学者也赞成此种分类，并进一步提出了区分效力规范与取缔规范的判断标准：第一，法律法规明确规定违反禁止性规定将导致合同无效或不成立的，该规定属于效力规范。第二，法律法规虽没有明确规定违反禁止性规定将导致合同无效或不成立，但违反该规定以后若使合同继续有效将损害国家利益和社会公共利益，也应当认为该规范属于效力规范。第三，法律法规虽没有明确规定违反禁止性规定将导致合同无效或不成立，违反该规定以后若使合同继续有效并不损害国家利益和社会公共利益，而只是损害当事人的利益，在此情况下该规范就不应属于效力规范，而是取缔规范。[②]

在日本，虽然其民法中并没有“强制性规定”这一概念，但存在着“取缔法规”和“强行法规”这样的概念，有关违反取缔法规的法律行为的效力的理论被称为“违反法律行为效力论”。其在日本学说史上经历了四个发展阶段，并且与当时的时代背景和主张者的公法观、私法观密切相关。具体来说，包括学说史前的阶段、强调公法与私法二分论的通说阶段、第二次世界大战后20世纪60年代至80年代修正通说的阶段以及20世纪90年代强调公法与私法相互支援、相互补充关系的新阶段。在民法典颁布之初，日本的判例均坚持执行违反取缔法规的行为原则上无效。可是到第二次世界大战后的20世纪60年代，学说和判例都发生了很大变化。在相当长的时期，学说和判例皆认为违反取缔法规的行为虽然要受到行政制裁，但在原则上并不影响其在私法上的效力。而且，判例至今仍然坚持这种立场。到了20世纪90年代，在福利国家和自由主义复权思潮的交织影响下，违反行为效力论迎来了一个崭新的时期。根据大村的经济公序论，其将取缔法规区分为警察法令和经济法令。违反警察法令的行为原则上有效。而经济法令又进一步区分为“交易利益保护法令”和“经济秩序维持法令”。违反前者的行为原则上无效；违反后者的行为在一定程度上也不得不牺牲当事人的私益。[③]

我国的一些学者也从禁止规范的功能入手，将常见的禁止性规范区分为

---

① 陈自强：《民法讲义Ⅰ·契约之成立与生效》，147页，北京，法律出版社，2002。

② 王利明：《合同法新问题研究》（第1版），321～322页，北京，中国政法大学出版社，2003。

③ 解亘：《论违反强制性规定契约之效力——来自日本法的启示》，载《中外法学》，2003（2）。

三种类型：第一种，禁止性规范禁止的是合同行为本身。只要这些合同行为对应的交易发生，就会绝对地损害国家利益或者社会公共利益。第二种，禁止性规范并非禁止某种类型的合同行为，而是与当事人的“市场准入”资格或交易场所、时间等因素有关。即某种类型的合同行为仍为法律所允许，但禁止市场主体在未取得交易资格时进行交易或禁止市场主体在特定的场所、特定的时间从事此类交易行为。第三种，禁止性规范禁止的并非某类合同行为，而是某类合同的履行行为。不难看出，在前述三种情形中，第一种情形中的禁止性规范，即效力性的禁止性规范，与第二种和第三种情形中的禁止性规范，即管理性的禁止性规范显然不同。效力性的禁止性规范是禁止、杜绝特定交易行为的发生，以此来维护国家利益或者社会公共利益不受侵害；管理性的禁止性规范并不指向特定交易行为本身，该交易行为仍是法律以及行政法规所允许的。① 对于管理性的禁止性规范对合同效力的影响，应当根据具体情况加以判断。

金融管制规则中哪些强制性规范会导致金融理财合同的无效，哪些强制性规范会对金融理财合同的效力产生影响，哪些不会产生影响，都必须通过金融管制规则的规范属性和功能加以分析。本书据此对金融理财管制规则中的风险提示规则、产品审批规则、管理人资格审批规则、资金来源监管规则对合同效力的影响作详细的分析。

5.1.2 风险提示欠缺

金融理财产品的风险要视其投资方式和投资实际达到的结果而定，如利率挂钩型产品包含利率风险，汇率挂钩型产品包含汇率风险，信用挂钩的产品包含信用风险等，这些风险都是需要选择了相关产品的投资者根据产品风险类型在一定程度上予以承担的。因此，金融理财合同在缔约过程中的风险提示，对于保障投资者缔约意思的真实性和风险防范意识具有重要作用。

在金融理财合同实践中较为容易发生的风险提示欠缺的问题有：在产品名称中显示有诱惑性、误导性或承诺性收益安排的字样；用过于专业化的语言来描述产品风险，并有意将风险抽象化、含糊化；在产品协议和说明书中，有关风险提示的表述处于不明显的位置，使用引用性表述，不直接将风险记载于产品的核心法律文件（认购书、产品说明书等）中；在宣

① 王轶：《民法典的规范配置》，载《烟台大学学报——（哲学社会科学版）》，2005（7）。

传理财产品的资料中故意不提及产品的风险，给风险识别能力差的客户群以误导或诱导；等等。金融监管机构对风险提示问题提出非常严格的要求。如《商业银行个人理财业务管理暂行办法》、《商业银行个人理财业务风险管理指引》等文件就理财产品有关风险提示问题作了明确的要求，而且中国银监会办公厅发布的《关于商业银行开展个人理财业务风险提示的通知》进一步强调了风险提示的必要性和具体要求。

在金融理财合同权利义务配置的章节中我们提到，风险提示义务是理财管理人法定的先契约义务，然而，违反风险提示义务是否会造成金融理财合同的效力瑕疵，却需要我们从金融强制规范的属性方面作进一步的分析。

在《商业银行个人理财业务管理暂行办法》中，关于风险提示的义务分别在第三十七条、第四十条和第六十二条予以规定，其中第三十七条和第四十条都规定商业银行应向客户揭示相关风险，第六十二条则规定了商业银行违反风险提示义务的法律责任：由银行业监督管理机构依据《中华人民共和国银行业监督管理法》（以下简称《银行业监督管理法》）的规定实施处罚。而相应的《银行业监督管理法》第四十六条规定的法律责任是：由国务院银行业监督管理机构责令改正，并处二十万元以上五十万元以下罚款；情节特别严重或者逾期不改正的，可以责令停业整顿或者吊销其经营许可证；构成犯罪的，依法追究刑事责任。但《银行业监督管理法》仅对处罚作出规定，并未规定合同的效力判断。

从风险提示义务的效果来看，违反风险提示义务可能造成客户对风险的认识不足或误判，损害的是客户的利益。在这种情况下，如果继续维持合同效力，只要给予客户相应的救济措施，不至于损害国家和社会公共的利益。此外，从风险提示义务是先契约义务的角度分析，风险提示行为并不涉及市场准入等合同行为的容许性，而是基于容许性合同的具体实施行为。因此，风险提示义务不属于强行法上的效力性规范，而是一种管理性规范。基于此，本书认为，风险提示欠缺不能适用《合同法》第五十二条的规定判为无效。

那么，违反风险提示义务是否就不影响金融理财合同的效力了呢？金融理财产品与生俱来就是风险产品，没有不含一丝风险的金融理财产品，风险转移型理财产品也只不过是由金融机构担保着风险；理财产品的收益天生就是风险收益，没有只赚不赔的理财收益，零风险收益事实上是小概率收益；理财投资生来就是风险投资，既存在投资标的的不确定性，又存在投资者下意识的有限理性。从风险提示的功能来看，法律要求理财管理人负担风险提示义务的目的为：一方面要使投资者（客户）认识到理财产品（特别是风险自担型）是通过承担风险来获得可能的收益的；另一方面要使客户了解该理财产品的风险程度，并结合自身的风险承受能力作出符合自己真实意思的缔约选择。在金融机构违反风险提示义务的情况下，事实上会导致客户对理财产品风险状况和收益条件的错误认识。

一些金融机构在向客户推销产品时，过于强调合同中对客户有利的部分，而对不利影响因素则避而不谈。例如，某行推出的一款与美元兑人民币汇率挂钩的产品，其在推销产品时强调收益率高达 5.6%，但是对于达到该收益率必须满足美元兑人民币汇率大于 7.98 小于 8.03 这一条件未作明确提示，而在当时的汇率市场条件下，这个区间没有几天能够达到。这就给客户带来错误的判断，认为该产品是保证收益型理财产品。

客户基于上述错误认识作出的缔约行为就涉及合同法理论中关于错误对合同效力的影响问题。按照我国《合同法》第五十四条的规定，因重大误解订立的合同，当事人一方有权请求人民法院或者仲裁机构变更或者撤销。

按照纯粹的意思主义合同理论，处理合同错误的方法是很简单的，即宣告合同无效或允许被撤销。因为合同的成立以合意为前提，只有双方当事人意思表示的一致，才会有合同的存在。在发生错误时，不管是依大陆法上的内容错误或表达错误，还是依英美法上的共同错误或单方错误，当事人意思表示的指向与其真实的内心意思都是南辕北辙的。错误的合同缺少当事人的真正合意，合同的无效或允许被撤销便是最自然的归宿。但这种思维是简单的，做法也是危险的。它会极大地牺牲相对方的利益，甚至导致交易的极不安全，并可能从根本上威胁市场的稳定与发展。所以作为对意思主义合同理论修正的表示主义也同时在发出自己的强烈声音：一个公开表达其意思的人必须承担其对环境错误估计的风险。[①]

因此，简单地将金融机构违反风险提示义务认定为因重大误解订立的合同而给予客户撤销权也是危险的。

首先，在合同法理论中，单方错误不影响合同效力。即在一方当事人发生错误，另一方不知且依合理情形也非应知表意人作出的是错误表示时，错误方事后不得以此为由主张合同无效或撤销合同。其理论依据是，在发生单

① 张炳生：《合同错误的比较法研究》，载《中国法学》，2005（5）。

方错误时，双方虽然没有真正的合意，但是真正的“意思一致”并不是必需的。问题的关键是，从了解当时情况的第三方客观的角度来看，经正确解释的允诺之间是否一致：问题不是双方当事人想什么，而是理智的第三方从他们的言行中可以推知什么。[①] 对于金融理财合同而言，这种第三方客观判断标准也是风险提示义务是否适当履行的标准。

其次，只有依照合同的性质、订立情形和当事人双方的地位，金融机构进行了合理的注意且应该知道产生了错误，错误的条件才是充分的，合同才可以要求撤销。如果客户应当而且能够了解理财合同的风险结构，却由于疏忽或故意不了解，那么他便不能随意地以错误为由撤销合同。

最后，如果客户具有无论理财合同的内容是什么都使其发挥效力的意思，即表明客户一方对该交易承担了某种风险，那么他就不能以错误为由撤销合同，以逃避自己应承担的交易风险。正如施泰恩法官所说，从逻辑的角度看，在援用关于错误的规则前，首先应当确定合同自身有没有以以前明示或默示的条件或其他规定来明确谁承担相关错误风险，只有在合同对此无规定时，才有关于适用错误规则的余地。[②] 因此，在金融机构违反风险提示义务的合同中，确定有没有人应当承担交易风险以及应当由谁承担交易风险是非常重要的。

5.1.3 管理人不具备理财业务资格以及未经审批的理财产品（计划）

关于不具备理财业务资格的管理人签订的金融理财合同的效力问题，不仅理论界见解不一，实务界亦众说纷纭。分歧意见主要在于如何适用《最高人民法院关于适用〈中华人民共和国合同法〉若干问题的解释（一）》第十条关于“当事人超越经营范围订立合同，人民法院不因此认定合同无效。但违反国家限制经营、特许经营以及法律、行政法规禁止经营规定的除外”这一规定。因此，金融理财是否为特许经营的业务、受托人是否必须具备资质这两个因素是该问题的关键。

在司法实践中，有的法院认为，证券委托理财是目前较为普遍的一种投资交易行为，对该行为的法律关系性质和效力，应当严格依照现有法律法规

① ［德］海因·克茨著，周忠海等译：《欧洲合同法》（上卷），253页，北京，法律出版社，2001。

② Associated Japanese Bank（International）Ltd. v. Credit du Nord S. A［1988］3All ER902，p. 912.

的规定予以认定。目前，中国证监会和中国人民银行对证券公司或其他非银行金融机构从事受托投资管理业务已作出相应规定，但现行法律法规未将证券受托投资理财纳入特许专营范畴，也未对非金融机构从事该业务的经营自治作出明确规定。因此，根据《合同法》司法解释的有关规定，只要不违反法律、行政法规禁止经营的规定，受托人签订的该类合同不能以其超越经营范围而认定无效。另一种意见则认为，委托理财属于金融衍生业务，应归于银行以及非银行金融机构的经营范围，因此在性质上属于特许专营行业。我国现有法律、行政法规对个人及非银行金融机构从事此类业务未作禁止性规定，当属法律滞后。鉴于非金融机构法人从事巨额资金的委托理财业务后，极有可能实施内幕交易和操纵市场等违反资本交易规则的行为，从而最终损害善意投资人的利益，危害金融安全和公共利益，因此，应认定这种委托理财合同无效。①

本书认为，在我国现行金融法规体系中，对于金融机构从事理财业务实行的是资质审批制度。目前，监管机构已出台《信托投资公司资金信托管理暂行办法》、《证券公司客户资产管理业务试行办法》、《商业银行个人理财业务管理暂行办法》等规章对信托投资公司、证券公司、商业银行等的金融理财资质进行规范。如2001年12月，中国证监会发布《关于规范证券公司受托投资管理业务的通知》，明确规定只有经过中国证监会批准的综合类证券公司才有从事受托投资管理业务的资格。该规定意味着，证券公司的委托理财业务开始受到监管，已从“自由业务”演变为“特许经营”。同时，根据中国证监会关于风险控制和内部控制的规定，禁止证券公司分支机构（营业部）从事资产管理业务，因此，证券公司等金融机构法人没有取得委托理财资质的，或者其分支机构在未经授权的情形下签订的金融理财合同，应根据《最高人民法院关于适用〈中华人民共和国合同法〉若干问题的解释（一）》第十条关于“当事人超越经营范围订立合同，人民法院不因此认定合同无效。但违反国家限制经营、特许经营以及法律、行政法规禁止经营规定的除外”的规定，认定合同无效。

同样，根据《合格境外机构投资者境内证券投资管理办法》的规定，境外机构投资者在中国境内证券市场从事金融理财业务必须经中国证监会批准。该

---

① 上海市高级人民法院民二庭：《上海法院审理委托理财诉讼案件的情况分析》，载《人民司法》2003（12）。

办法所称“合格境外机构投资者”，是指符合该办法规定，经中国证监会批准投资于中国证券市场，并取得国家外汇管理局额度批准的中国境外基金管理机构、保险公司、证券公司以及其他资产管理机构。境外机构投资者若未取得“合格境外机构投资者资格”在我国境内从事游离于有效监控之外的证券市场金融理财活动，极易引发国内证券市场系统性风险，这对于我国的金融安全和金融秩序都是重大的威胁。因此，境外机构投资者的理财业务资质不仅是市场准入的问题，也是公共秩序的问题。无论根据《最高人民法院关于适用〈中华人民共和国合同法〉若干问题的解释（一）》第十条规定的精神，还是按照现行《合同法》第五十二条第四款规定的“损害社会公共利益”的无效情形，都应认定合同无效。

《商业银行个人理财业务管理暂行办法》将个人理财业务的准入机制分为两类，即审批制和报告制。实行审批制的业务包括：保证收益理财计划；为开展个人理财业务而设计的具有保证收益性质的新的投资性产品；需要经中国银行业监督管理委员会批准的其他个人理财业务。商业银行开展其他不需要经审批的个人理财业务活动，应按照相关规定，最迟应在销售理财计划前10日及时向中国银行业监督管理委员会或其派出机构报告。

《证券公司客户资产管理业务试行办法》第二十一条对证券公司的理财业务也进行了相应的规定：“证券公司设立限定性集合资产管理计划，应当事先报中国证监会备案；设立非限定性集合资产管理计划，应当报经中国证监会批准。”

如果商业银行、证券公司不注意个人理财产品性质的定位，可能发生该向银行、证券监管机构申请批准的未申请，该报告的未能及时地报告。这种准入程序上的瑕疵，既可能导致业务违规风险，从而招致监管机构的惩罚，还可能成为其与客户发生纠纷时承担有关民事赔偿责任的根源之一。法院在解决客户与金融机构关于理财产品方面的纠纷时，在关注双方合约的同时，也关注监管机构赋予金融机构的种种义务，如果金融机构有违规行为未能履行义务，这也可能成为法院裁判民事责任分配的依据之一，并将导致金融机构民事责任的加重。但是，这里的民事责任是基于合同有效的违约责任还是合同无效的缔约过失责任，需要在法理上加以厘清。

与风险提示义务不同的是，理财产品的审批程序具有市场准入的功能。这就使得理财产品的审批与我们通常讨论的合同的审批有很大的不同。合同审批是缔约人取得合同标的处分权的前置程序，如在一些涉及国有资产的交易中需要有国有资产管理部门的批准。这种审批程序既不是合同的成立要件，也不是合同的生效要件。合同审批程序在强制规范中起的作用是对合同行为的管理，而不是禁止，它属于管理性规范。因此，违反合同审批程序可能导致无权处分或合同履行不能，但合同本身仍然有效，负有报批义务的合同当事人应负违约责任。理财产品的审批程序不是针对具体合同的，而是针对某一类业务或市场的，审批的实质是市场开放和市场准入。在这种情况下，审批与金融机构的经营范围、缔约能力是结合在一起的。

依照我国《合同法》及《合同法》司法解释的规定，公司超越经营范围的行为原则上应当认定为有效。只有在例外情况下，即在公司实施的超越经营范围行为违反国家限制经营、特许经营以及法律、行政法规禁止经营的强制性规定时，或者第三人知道或者应当知道公司的代表人超越权限实施了相应的行为，才能够认定公司的行为无效。因此，在例外情况下认定公司越权行为无效，主要有两个标准：即公司实施的超越经营范围行为是否违反国家限制经营、特许经营以及法律、行政法规禁止经营的强制性规定标准，或者第三人知道或者应当知道代表人超越权限。前者属于客观标准，后者属于第三人的主观状态标准。两者具其一即可认定该越权行为无效。

以是否违反国家限制经营、特许经营以及法律、行政法规禁止经营的强制性规定为标准判断公司超越经营范围行为的效力时，如果公司越权行为属于法律、行政法规禁止经营的事项，或者属于法律、法规限制经营或特许经营的行业或项目而没有经过许可，就意味着违反了强行法的效力性规定，越权行为应当无效。公司越权行为如果不属于法律、行政法规禁止经营、限制经营或特许经营的行业或项目，应当进一步适用第三人主观状态标准进行判断。

我国《企业经营范围登记管理规定》第四条规定："经营范围分为许可经营项目和一般经营项目。许可经营项目是指企业在申请登记前依据法律、行政法规、国务院决定应当报经有关部门批准的项目。一般经营项目是指不须批准，企业可以自主申请的项目。"该规定第五条规定："申请许可经营项目，申请人应当依照法律、行政法规、国务院决定向审批机关提出申请，经批准后，凭批准文件、证件向企业登记机关申请登记。审批机关对许可经营项目有经营期限限制的，登记机关应当将该经营期限予以登记，企业应当在审批机关批准的经营期限内从事经营。申请一般经营项目，申请人应当参照《国民经济行业分类》及有关规定自主选择一种或者多种经营的类别，依法直接向企业登记机关申请登记。”从上述规定来看，许可经营项目是与一般经营项目相对应的，其是否应当予以报批的依据是“法律、行政法规、国务院决定”。许可经营与“国家限制经营”是一个问题的两种不同提法，其内涵是相同的。

因此，商业银行、证券公司对于未向银行、证券监管机构申请批准的须审批类理财业务不具有缔约能力。缔约能力又是合同生效要件之一。所以，《商业银行个人理财业务管理暂行办法》和《证券公司客户资产管理业务试行办法》中实行审批制的理财业务都属于“国家限制经营”这一效力性强制规范。对于须审批类理财业务未经审批的理财产品，金融机构与客户签订的合同应认定为无效，并由金融机构承担缔约过失责任。[①]

5.1.4 委托人资产来源非法

金融理财合同的委托标的为委托人交付的资产。由于投资人委托金融机构进行投资理财，对部分托管资产来源的合法性缺少必要的市场稽查，这就给一些违规资金通过金融理财方式自由入市带来方便，甚至成为不法分子洗钱的重要渠道。因此，相关理财法规对于委托人资产来源都作了强制规定。如《商业银行个人理财业务管理暂行办法》第三十四条规定：“商业银行开展个人理财服务，发现客户有涉嫌洗钱、恶意逃避税收管理等违法违规行为的，应按照国家有关规定及时向相关部门报告。”

那么，委托人资产来源非法是否会影响理财合同的效力呢？就金融理财合同而言，交付合规的理财资产是委托人的基本义务和合同履行行为，而不是理财合同交易的对价。作为一种管理性的禁止规范，无须通过否定合同效力来实现对非法资产进入理财市场的管制。委托人资产来源非法，只须追缴委托人的理财收益和理财资产即可。这样，对于理财管理人而言，不会因为委托人对资产来源的隐匿而丧失管理费用和收益分成。但是，对于管理人明知委托人资产来源非法的，则属于有关法规禁止的缔约行为，如《证券公司

---

① 值得注意的是，最高人民法院《关于审理委托理财合同纠纷案件的若干规定》第二稿中规定，管理人为金融机构法人，具备从事证券、期货等金融专营性质的业务资格的，人民法院应当认定合同有效。管理人为非金融机构法人，在一审法庭辩论终结前获得中国人民银行或中国证监会批准的从事委托理财业务或者信托业务资格的，人民法院应当认定合同有效。这就意味着只要具备从事证券、期货等金融专营性质的业务资格的金融机构法人，无论是否获得委托理财资质、推出的理财计划是否获得批准，都将按有效合同处理。

客户资产管理业务试行办法》第四十六条规定："客户应当对其资产来源及用途的合法性做出承诺。客户未做承诺或者证券公司明知客户资产来源或者用途不合法的，不得签订资产管理合同。"这里适用的就是效力性规范，应认定理财合同无效。

5.2　保底条款的效力

目前我国金融理财产品的提供者涵盖了银行、信托投资公司、基金管理公司、证券公司、保险公司等各类金融机构。形形色色的理财服务又往往与各种"保底"协议（条款）联系在一起。在实践中，金融理财合同保底条款可分为保证固定收益条款、保证最低收益条款和保证本金不受损失条款三种类型。保证固定收益条款，是指委托人与受托人约定，无论盈亏，受托人均保证在委托资产的本金不受损失之外，付给委托人约定利息。保证最低收益条款，是指委托人与受托人约定，无论盈亏，受托人除保证委托资产的本金不受损失外，还保证支付委托人一定比例的固定收益，对超出部分的收益，双方按约定比例分成。保证本金不受损失条款，是指委托人与受托人约定，无论盈亏，受托人均保证委托资产的本金不受损失，此外，对收益部分，双方按约定的比例分成。

5.2.1　保底条款效力判断的争议

无论在理论界还是实务界，对保底条款的效力认定问题，都是金融理财合同纠纷案件中的争议焦点之一，归纳起来，主要有以下五种观点。

第一种是绝对有效说。该观点认为，从私法领域的意思自治原则出发，保底条款系双方真实意思表示，其约定的内容不触犯法律、行政法规的禁止性规定，应当具有法律效力。[①]

第二种是条款无效说。该观点认为，金融理财合同保底条款具有极强的信用投机色彩，扭曲了证券市场正常的资源配置功能，并且在不断放大二级市场的波动风险，对资本市场直接融资与间接融资之间所形成的合理格局构成潜在的、严重的破坏性。而且从公平原则出发，保底条款的约定违反了公

---

① 李永祥：《委托理财纠纷案件审判要旨》，115～116页，北京，人民法院出版社，2005。

平原则，故应认定无效，但保底条款并不影响理财合同的效力。[①]

第三种是有限承认说。该观点认为，在金融理财合同有效的前提下，不宜一律否认，也不宜一律承认保底条款的效力。作为一项司法对策，对保底条款的效力认定不仅要寻求其法理逻辑上的依据，保持执法尺度的连续性和一贯性，而且要顾及现实的国情和国民对于公平的感情认知。在此基础上，该观点主张以银行活期存款利率为标准对保底收益率加以调整，超过部分不予支持。[②]

第四种是合同无效说。该观点认为，保底条款是金融理财合同的核心条款，事关当事人的缔约目的，合同中当事人的权利义务均围绕该条款展开。保底条款不仅违反了证券法条的禁止性规定，而且违反了监管政策和金融政策，加大了金融机构的风险，扰乱了金融秩序，更违背了委托合同或信托合同中委托人承担风险的基本原则。根据保底条款的约定，客户只须向证券公司打入资金，就可获得稳定的收益，而不必承担证券投资的商业风险，此种委托投资管理协议的法律特征完全符合借贷合同的特征，系挂“委托”之名行“借款”之实，其实质是一种借款融资合同。而在我国司法实践中，企业间的借款融资合同一般应被认定为无效。[③] 故保底条款无效应导致整个合同无效。

第五种是条款可撤销说。该观点认为，约定保底条款明显违反了公平原则，据此认定其为显失公平条款，可将其规定为可撤销条款。若当事人申请撤销，则予以撤销。否则，应承认其效力。[④]

本书认为，无论是“保本（金）”、“保息（收益）”，还是“保本（息）加余额分成”，这些被金融机构作为卖点大肆宣传的“保底”承诺，首先需要解决的是合法性问题。然而，由于这一金融理财领域的法律规范性文件非常复杂，而且政出多门，导致目前金融机构各类保底理财产品和服务的合法性不一，效力判断也不同。事实上，不同类型金融机构在金融监管体系中对保底条款的接纳程度是不同的。

---

① 陈胜：《关于上市公司委托理财弊端的思考》，载《湖北民族学院学报》，2001（4）。

② 李永祥：《委托理财纠纷案件审判要旨》，117页，北京，人民法院出版社，2005。

③ 程胜：《证券公司委托理财业务发展的新思路》，载《律师世界》，2002（3）；刘任俭：《我国券商委托理财业务的现状、问题和规范发展的举措》，载《新金融》，2002（3）。

④ 高民尚：《关于审理证券、期货、国债市场中委托理财案件的若干法律问题（中）》，载《人民法院报》，2006－06－05。

5.2.2 具有合法性基础的保底条款

目前，在我国各类金融理财业务中，通过行政规章和监管机构的行政审批而获得合法性的具有保底条款的金融理财合同共有三大类型：（1）商业银行保证收益理财计划和保本浮动收益理财计划；（2）保险公司的万能寿险；（3）基金公司的保本型投资基金。

1. 商业银行保证收益理财计划和保本浮动收益理财计划保底条款的合法基础

商业银行保证收益理财计划和保本浮动收益理财计划保底条款的合法基础是毋庸置疑的。《商业银行个人理财业务管理暂行办法》第十二条规定："保证收益理财计划，是指商业银行按照约定条件向客户承诺支付固定收益，银行承担由此产生的投资风险，或银行按照约定条件向客户承诺支付最低收益并承担相关风险，其他投资收益由银行和客户按照合同约定分配，并共同承担相关投资风险的理财计划。"第十四条规定："保本浮动收益理财计划是指商业银行按照约定条件向客户保证本金支付，本金以外的投资风险由客户承担，并依据实际投资收益情况确定客户实际收益的理财计划。"

2. 保险公司的万能寿险的合法性基础

目前，我国具有理财性质的保险产品主要有投资连结保险和万能保险。万能保险是指可任意支付保险费以及任意调整死亡保险金给付金额的人寿保险。投保人所交保费被分成两部分，一部分用于保险保障，另一部分用于投资，一般都会设有2.5%的保底收益。我国目前出现的万能保险多为万能寿险。万能寿险（Universal Life Insurance），即所谓"提供保费缴付的灵活性与身故给付的可调整性和非套装性的保险产品"。该保险产品主要提供两方面的功能：保障和投资。现行中国保监会的规范性文件并没有禁止万能保险保证最低收益。事实上从《人身保险新型产品信息披露管理暂行办法》万能保险部分中关于"保证利益（率）"、"非保证的利益"等规定来看，[①] 中国保

① 根据《人身保险新型产品信息披露管理暂行办法》第十三条第一款规定，万能保险的产品说明书应当包含以下内容：保证利率和演示利率下的保费、死亡保险金和保单价值。

监会是认可万能保险给予保底的，万能保险合同的保底条款目前并不违法。[①]

3. 基金公司的保本型投资基金的合法性基础

《证券投资基金法》第二十条第四款规定：“基金管理人不得向基金份额持有人违规承诺收益或者承担损失。”《证券投资基金信息披露管理办法》第六条第三款规定：“公开披露基金信息，不得违规承诺收益或者承担损失。”证券投资基金法的法律、规章在禁止“承诺收益或者承担损失”时都附加了“违规”的限定，也就是说，证券投资基金产品或服务有可能“合规”地来承诺收益或者承担损失。目前尚未见中国证监会出台专门规范，对某类或符合某些条件的承诺收益或者承担损失明确赋予合法性。

实践中的保本基金就是一种保证投资者本金或本金的一定比例在满足特定条件情况下不受损失的基金品种。2002 年，国内不少基金公司就着手从国外引进保本基金产品。国外保本基金担保人不仅可以提供本金担保，而且可以对基金的投资收益和红利提供担保。在本金担保上，基金公司可以提供全额担保，也可以提供低于 100% 金额或高于 100% 金额的担保。而且，在国外，由于其资本市场比较完善，基金保本可以采取两种方式：一种是依靠衍生产品进行保本增值；另一种是寻找担保人。但在国内资本市场，由于没有类似于金融期权、金融期货等的衍生产品，基金公司开发保本产品时只能采用引进担保人的方式。虽然如此，各家基金公司还是基于现有条件不断进行保本产品的创新。

2003 年 11 月，中国证监会在基金公司内部推出了《保本证券投资基金运作指导意见》（征求意见稿，以下简称“意见稿”）。根据“意见稿”的规定，基金名称中出现保本、护本、安全或类似含义字样的，或者基金合同、招募说明书等法律文件承诺投资人有权在保本期届满，以不低于投资本金的 90% 以上比例要求赎回基金份额的，都属于该“意见稿”规定的保本基金范畴。“意见稿”对担保机构作出了规定：“实收资本不低于 20 亿元；净资产

---

① 中国保监会《投资连结保险管理暂行办法》规定：“本办法所称投资连结保险，是指包含保险保障功能并至少在一个投资账户拥有一定资产价值的人身保险产品。”“投资账户是指保险公司依照本办法设立的，资产单独管理的资金账户。投资账户应划分为等额单位，单位价值由单位数量及投资账户中资产或资产组合的市场价值决定。投保人可以选择其投资账户，投资风险完全由投保人承担。”中国保监会《人身保险新型产品信息披露管理暂行办法》对投资连结保险的信息披露作出要求，投资连结保险的产品说明书应当包含风险提示，在产品说明书封面显著位置用黑体字打印：“投保人要承担该产品投资风险。”由此可见，投资连结保险不保证投资收益率，客户在享有投资高额回报可能性的同时，必须承担全部投资风险包括可能出现的亏损。因此，投资连结保险不得保底。

不低于50亿元；成立并运作满三年以上，具备法人资格的企业；最近三年连续盈利；已担保的保本基金资产规模不超过其净资产总额的两倍；最近三年未受过重大处罚。”

在实践中，一些“保本”基金产品在发售前也确实获得了中国证监会的批复，被排除于“违规”之外。2004年2月，银华保本增值证券投资基金开始正式发行，成为“意见稿”推出后第一只正式以“保本”冠名的基金，同年8月，天同保本增值基金顺利发行。天同保本增值证券投资基金招募说明书明确承诺“保本”——“投资基金可控制本金损失的风险。基金份额持有人在认购期购买并持有到期，如可赎回金额加上保本期间的累计分红金额低于其投资金额，保证人应保证向持有人承担上述差额部分的偿付并及时向基金份额持有人清偿”。其保本是通过由国家开发投资公司作为保证人来实现的。[①] 在银华保本增值证券投资基金中，其担保方是银华公司的大股东——北京首都创业集团。以上两家公司的总资产分别为312亿元和768亿元，完全符合“意见稿”中有关担保方的规定，利用国有大中型企业进行基金担保已逐步走向成熟并日渐成为一种趋势。此后，嘉实浦安保本基金由上海浦东发展银行担任基金的担保方，开了银行担保基金的先河，也被业内认为是中国银监会推出商业银行从事基金担保业务的一个试点。

大多数保本基金在投资中将资产分为保本资产和收益资产两部分。通常来讲，现阶段的保本资产主要投资于国债、高信用等级的企业债与金融债等；收益资产主要投资于股票、可转债等工具。通常情况下，保本基金采取恒定比例投资组合保险策略（CPPI）等投资策略，实现保本资产和收益资产的有效运作，从而达到在确保保本周期到期时本金安全的基础上，实现基金资产稳定增值的目的。如“银华保本增值证券投资基金合同”规定：基金投资的目标是在确保保本周期到期时本金安全的基础上，谋求基金资产的稳定增值。债券投资在资产配置中的比例不低于60%；本基金管理人应在基金合同生效日起6个月内完成建仓；从第二个保本周期开始，基金管理人自保本周期开始之日起3个月内使基金的投资组合比例符合基金合同的有关约定。固定收益类金融产品和银行存款以外的资产在资产配置中的比例不高于15%。

---

① 郭雳：《金融机构保底理财的合法性迷局与困境》，载《北京大学学报（哲学社会科学版）》，2006（5）。

但是，保本基金并不是无条件地承担本金保障。多数保本基金都会在基金合同中规定一定的保本条款。通常来讲，只有在保本基金认购期认购并持有到期的基金份额，或者上一保本周期到期时转入下一保本周期的基金份额，或者在限定期限内集中申购的基金份额，才享受保本承诺。

5.2.3 不具有合法性基础的保底条款

1. 信托公司的理财计划不得保底

信托投资公司保底理财协议或承诺的违法性是比较明确的。中国人民银行《信托投资公司管理办法》第三十一条规定："信托投资公司经营信托业务，不得有下列行为……（三）承诺信托财产不受损失或者保证最低收益……"第六十五条规定："信托投资公司违反本办法第三十一条规定的，按照《金融违法行为处罚办法》第二十八条规定进行处罚。"①

中国人民银行《信托投资公司资金信托管理暂行办法》第四条规定："信托投资公司办理资金信托业务时应遵守下列规定……（四）不得承诺信托资金不受损失，也不得承诺信托资金的最低收益……"第二十一条规定："信托投资公司违反本办法规定的，由中国人民银行按照《金融违法行为处罚办法》及有关规定进行处罚；情节严重的，暂停或者直至取消其办理资金信托业务的资格。对有关的高级管理人员，中国人民银行可以取消其一定期限直至终身的任职资格；对直接责任人员，取消其信托从业资格。"

中国银监会于2004年12月下发《严禁信托投资公司信托业务承诺保底的通知》。该通知针对部分信托投资公司在办理信托业务时存在向委托人承诺保底的做法，重申信托投资公司办理信托业务，应当严格执行分账管理的原则，必须用管理信托财产所产生的实际信托收益进行分配，严禁信托投资公司挪用其他信托财产垫付信托财产的损失收益；信托投资公司不得以信托合同、补充协议或其他任何方式向信托当事人承诺信托财产不受损失或者保

① 国务院《金融违法行为处罚办法》第二十八条规定："信托投资公司不得以办理委托、信托业务名义吸收公众存款、发放贷款，不得违反国家规定办理委托、信托业务。信托投资公司违反前款规定的，给予警告，没收违法所得，并处违法所得1倍以上5倍以下的罚款，没有违法所得的，处10万元以上50万元以下的罚款；对该信托投资公司直接负责的高级管理人员、其他直接负责的主管人员和直接责任人员，给予记大过直至开除的纪律处分；情节严重的，暂停或者停止该项业务，对直接负责的高级管理人员给予撤职直至开除的纪律处分；构成非法吸收公众存款罪、集资诈骗罪或者其他罪的，依法追究刑事责任。"

证最低收益。信托投资公司应当在其营业场所显著位置对不得承诺保底的有关规定进行公示，并在签订信托合同时，以书面形式向当事人申明上述内容；信托投资公司在推介信托产品或办理信托业务时，不得暗示或者误导信托当事人信托财产不受损失或者保证最低收益。2007年3月开始施行的《信托公司集合资金信托计划管理办法》第八条第一款承袭了信托理财不得保底的规定："信托公司推介信托计划时，不得有以下行为：以任何方式承诺信托资金不受损失，或者以任何方式承诺信托资金的最低收益。"

2. 证券公司开展理财业务不得保底

现行金融法规对于证券公司开展的理财业务也规定禁止提供保底条款。《证券法》第一百四十四条规定："证券公司不得以任何方式对客户证券买卖的收益或者赔偿证券买卖的损失作出承诺。"中国证监会《证券公司客户资产管理业务试行办法》第四十一条第二款规定："证券公司从事客户资产管理业务，不得有下列行为：向客户作出保证其资产本金不受损失或者取得最低收益的承诺。"

2004年10月，中国证监会发布了《关于证券公司开展集合资产管理业务有关问题的通知》（以下简称《通知》），进一步细化规则。《通知》规定，中国证监会对于证券公司设立集合资产管理计划、办理集合资产管理业务，采取先试点、后推广的原则。在试点阶段，中国证监会将严格限定办理集合资产管理业务的证券公司范围，仅允许已通过评审、成为可从事相关创新活动试点的证券公司试行办理此项业务，待积累一定经验后，再逐步推开此项业务。证券公司此前已开展的集合资产管理业务须按照《证券公司客户资产管理业务试行办法》规定的最低金额，并防止客户非法汇集他人资金参与集合资产管理计划。证券公司应当在结合资产管理计划说明书、集合资产管理合同等有关材料中向投资者进行明确的风险提示，说明集合资产管理计划的投资风险由投资者承担。在该《通知》附件中，上述内容又一再被强调。《集合资产管理合同内容指引》要求，"管理人承诺以诚实信用、谨慎勤勉的原则管理和运用本集合计划资产，但不保证本集合计划一定盈利，也不保证最低收益。托管人承诺以诚实信用、谨慎勤勉的原则履行托管职责，保护集合计划资产的安全，但不保证本集合计划资产投资不受损失，不保证最低收益"。而且，"明确说明委托人、管理人、托管人不得通过签订补充协议、修改合同等方式约定保证集合计划资产投资收益、承担投资损失，或排除客户自行承担投资风险"。最后，在签章及日期前，明确载明如下内容："管理人、托管人确认，已向客户明确说明集合计划的投资风险，并不保障集合计划投资收益或承担投资损失；委托人确认，已充分理解本合同的内容，并自行承担投资风险”。《集合资产管理计划说明书主要内容》要求具备下列重要提示：管理人承诺以诚实信用、谨慎勤勉的原则管理和运用集合计划资产，但不保证集合计划一定盈利，也不保证最低收益。本说明书对集合计划未来的收益预测仅供委托人参考，不构成管理人、托管人和推广机构保证委托资产本金不受损失或取得最低收益的承诺。

综上所述，按照目前相关法规的规定，证券公司从事资产管理业务不得保证集合计划资产投资不受损失，不得保证最低收益；可以提供收益预测，但仅供参考，不得作保底（本）承诺。

5.2.4 保底条款效力判断

由于金融理财合同中保底条款的合法性基础存在差异，一概地对各种金融理财合同的保底条款作出统一的效力判断显然是有问题的。特别是将金融理财合同保底条款等同于借款合同而导致合同无效的观点，忽略了金融理财合同的权利义务配置（基础法律关系）与借款合同存在的重大差异。因为在金融理财合同中，管理人对理财资产的管理权对应的是管理人的忠实义务和注意义务。而在借款合同中，借款人绝不需要对贷款人负担这种管理义务。

事实上，就金融理财合同而言，影响保底条款效力的因素主要是金融管制中的强制规范，而不是公平的判断。

1. 具有合法基础的保底条款的效力判断

《商业银行个人理财业务管理暂行办法》授权商业银行开展具有保底条款的理财业务，并不意味着保底条款必然有效，因为该办法对于保证收益理财计划中有关保证收益的保底条款是有条件限制的。该办法规定，保证收益理财计划或相关产品中高于同期储蓄存款利率的保证收益，应是对客户有附加条件的保证收益。商业银行不得无条件向客户承诺高于同期储蓄存款利率的保证收益率；不得承诺或变相承诺除保证收益以外的任何可获得收益。

就具体限制条件而言，商业银行向客户承诺保证收益的附加条件，可以是对理财计划期限调整、币种转换等权利，也可以是对最终支付货币和工具的选择权利等。商业银行使用保证收益理财计划附加条件所产生的投资风险应由客户承担。这就产生一个问题，即保证收益理财计划中未附加条件的保证收益条款的效力判断。保证收益条款在金融理财合同中属于主要的交易条件条款。根据合同法的基本原理，效力性的禁止性规范是禁止、杜绝特定交易行为的发生，以此来维护国家利益和社会公共利益。而主要的交易条件条款实质上反映了特定的交易行为，因此，未附加条件的保证收益条款应当被认定为无效。

此外，商业银行、证券投资基金公司和保险公司推出保底型理财计划，都需要经过监管机构的审批。商业银行、证券投资基金公司和保险公司以未经审批的保底型理财计划签订的理财合同的效力判断适用于上一节中有关“未经审批的理财产品（计划）”效力判断的规则。

2. 不具有合法基础的保底条款的效力判断

依前所述，管理人为证券公司、信托公司的金融理财合同中的保底条款违反了有关金融法规中的禁止性规定，因此不具有合法性基础。由于我国对于管理人为证券公司、信托公司的金融理财合同的禁止保底规定是绝对的一般性禁止，不存在审批许可的可能。也就是说，证券公司、信托公司是无法取得开展保底型理财计划的业务的。在效果上这种禁止等同于对交易行为的禁止，应当视为效力性禁止规范，从而认定证券公司、信托公司的金融理财合同中的保底条款无效。

此外，将证券公司、信托公司在理财业务中承诺的保底条款认定为无效，也是维护证券市场竞争秩序和金融安全的必然要求。而给予金融理财合同中的客户以充分合理的保护，防止证券公司借机推卸责任，乃至欺诈客户，则更是实现民法公平正义原则的应有之意。

当然，对于此类金融理财合同，由于合同无效的原因仅存在于合同的部分内容，因此，金融理财合同除保底条款以外的其他条款仍然有效。管理人应当依照合同除保底条款的其他约定履行管理财产的义务。如果管理人未履行合同义务或履行义务不符合约定，导致客户的财产损失，则客户可以要求管理人承担违约责任。当然，管理人承担违约责任的依据并不在于保底条款的规定，而在于其没有履行谨慎、有效管理理财资产的义务或没有尽到忠实义务而给客户造成实际损失。

基于此种观点，在理财没有达到最低回报率或造成本金损失的情况下，如果管理人已经根据保底条款填补了损失或者向委托人支付了约定的利润，那么，由于保底条款自始无效，委托人所得的损失填补和预期利润就缺乏法律或合同依据，因此，管理人可以以不当得利为由向客户要求返还。

但是，如果证券公司、信托公司为了招揽客户，在缔约时向顾客作出保底承诺，但在不能实现自己的承诺时，又以该条款与金融法规中的禁止性规定相冲突为由主张其无效，则实际上构成了对客户的欺诈。客户可以以缔约过失为由，要求证券公司赔偿其因相信该条款真实有效所产生的损失。对客户的此种主张，法院应通过援用诚实信用原则和《合同法》第四十二条的规定予以认可。

值得注意的是，除了保底条款外，在理财业务中还存在一种损失填补条款。即双方在理财合同中约定，在委托资产发生损失后，管理人在一定范围内向客户承诺补足部分或者全部本金损失，或者管理人在承诺补足委托资产本金损失之外，对收益损失作出赔偿承诺。如“光大阳光2号集合资产管理计划”规定：“光大证券股份有限公司投入自有资金5 000万元。对于推广期内参与并持有满三年的委托资金，若到期（累计）收益率小于10%（不含），则管理人用自有资金参与本计划的投资收益（即5 000万元的投资收益部分）补偿委托人，直到委托人总收益率达到10%或管理人自有资金参与本计划的投资收益部分补偿完毕为止。”这种损失填补条款虽然在一定程度上起到保底的作用，但只是起到一定的风险弱化作用，管理人并未承诺完全保障理财收益或承担投资损失，客户仍然需要承担投资风险，不是严格意义上的保底条款。这样的条款在实践中也得到了监管部门的批准，应当认为是有效的。

概言之，对于金融理财合同中保底条款的效力判断而言，首先需要解决的是合法性问题。由于这一金融理财领域的法律规范性文件非常复杂，而且政出多门，导致目前金融机构各类保底理财产品和服务的合法性不一，效力判断也不同。事实上，不同类型金融机构在金融监管体系中对保底条款的接纳程度是不同的，可以根据本书的分析分别作出判断。

5.3 小结

金融理财合同是一类新型合同，其效力判断，除了依赖于《合同法》中关于合同效力的规范外，还要考虑金融理财合同作为金融业务的一种，受到金融业法规管制而引发的效力判断问题。金融管制规则中哪些强制规范会导致金融理财合同的无效，哪些强制规范会对金融理财合同的效力产生影响，哪些不会产生影响，都必须通过金融管制规则的规范属性和功能加以分析。

风险提示义务不属于强行法上的效力性规范，而是一种管理性规范。基于此，本书认为，风险提示欠缺不能适用《合同法》第五十二条的规定判为无效。从风险提示的功能来看，法律要求理财管理人负担风险提示义务的目的为：一方面要使投资者（客户）认识到理财产品（特别是风险自担型）是通过承担风险来获得可能的收益的；另一方面要使客户了解该理财产品的风险程度并结合自身的风险承受能力作出符合自己真实意思的缔约选择。在金融机构违反风险提示义务的情况下，事实上会导致客户对理财产品风险状况和收益条件的错误认识。客户基于这种错误认识作出的缔约行为就涉及合同法理论中关于错误对合同效力的影响问题。根据我国《合同法》第五十四条的规定，因重大误解订立的合同，当事人一方有权请求人民法院或者仲裁机构变更或者撤销。

对于管理人不具备理财业务资格以及未经审批的理财产品（计划）的情形，由于对理财业务资质和理财产品的审批具有市场准入的功能，这与我们通常讨论的合同的审批有很大的不同。合同审批是缔约人取得合同标的处分权的前置程序，如在一些涉及国有资产的交易中需要有国有资产管理部门的批准。这种审批程序既不是合同的成立要件，也不是合同的生效要件。合同审批程序在强制规范中起的作用是对合同行为的管理，而不是禁止。它属于管理性规范。因此，违反合同审批程序可能导致无权处分或合同履行不能，但合同本身仍然有效，负有报批义务的合同当事人应负违约责任。理财业务资质和理财产品的审批程序不是针对具体合同的，而是针对某一类业务或市场的，审批的实质是市场开放和市场准入。在这种情况下，审批与金融机构的经营范围、缔约能力是结合在一起的。根据《最高人民法院关于适用〈中华人民共和国合同法〉若干问题的解释（一）》第十条关于“当事人超越经营范围订立合同，人民法院不因此认定合同无效。但违反国家限制经营、特许经营以及法律、行政法规禁止经营规定的除外”的规定精神，应认定无效。

就金融理财合同而言，交付合规的理财资产是委托人的基本义务和合同履行行为，而不是理财合同交易的对价。作为一种管理性的禁止规范，无须通过否定合同效力来实现对非法资产进入理财市场的管制。委托人资产来源非法，只需追缴委托人的理财收益和理财资产即可。这样，对于理财管理人而言，不会因为委托人对资产来源的隐匿而丧失管理费用和收益分成。但是对于管理人明知委托人资产来源非法的，有关法规禁止的是缔约行为，如《证券公司客户资产管理业务试行办法》第四十六条规定：“客户应当对其资产来源及用途的合法性做出承诺。客户未做承诺或者证券公司明知客户资产来源或者用途不合法的，不得签订资产管理合同。”这里适用的就是效力性规范，应认定理财合同无效。

对于保底条款的效力判断而言，首先需要解决的是合法性问题。由于这一金融理财领域的法律规范性文件非常复杂，而且政出多门，导致目前金融机构各类保底理财产品和服务的合法性不一，效力判断也不同。事实上，不同类型金融机构在金融监管体系中对保底条款的接纳程度是不同的，应当分别情况作出判断。

结　论

6.1　金融理财合同法律规制的主要问题及立法建议——基于分业经营向混业经营发展的考量

前文的详尽分析已经表明，金融理财合同的确是一个争议颇多、分歧纷呈的合同领域。而若须真正解决其合同性质、法律适用等一系列问题，立法的具体规制必不可少。但遗憾的是，我国《合同法》和现行金融法规对此类合同并未作出统一的具体规定，而是由各个监管部门通过各自的监管法规加以规范。

现行的分业监管体制是建立在不同的金融机构分业经营的基础上的，其前提是不同金融机构的功能完全可分，并且不存在交叉重叠。但是，金融理财是金融创新下的产品，大多数理财产品是跨越不同金融市场的。随着金融管制的放松，我国金融业内部也已经开始出现彼此向对方的业务领域渗透和扩张的趋势。如保险资金入市，券商股票抵押贷款，非银行金融机构进入同业拆借市场，保险公司推出的投资连结保险，以及商业银行代理保险、基金发售，开通“银证通”业务，等等。证券公司推出的集合资产管理业务与银行推出的个人理财业务，二者虽然分属不同的金融机构，但金融功能却基本相同，替代性很强，形成了不同金融机构经营相同金融产品的混业经营局面。随着金融创新的发展，不同金融机构的功能正趋于融合，因此，以金融机构来划分金融功能将变得越来越困难。[①] 因此，金融理财业务这种具有混业特点的金融创新业务，在分业监管体制下通过分别规范的方式对理财合同

---

①　郭宏伟、纪敏：《对金融机构委托理财业务的几点认识》，载《中国金融》，2004（9）。

加以规制，只能造成监管不一致，导致不公平竞争，最终损害投资者的利益。有鉴于此，颁布统一的金融理财管理规定，对金融理财合同根据其特点进行统一规范就很有必要。在统一规定中，对于金融理财合同的规范应注意以下几个问题：

1. 以风险自担型二元管理结构的理财合同为模型架构金融理财合同的基本框架，对其他类型和管理结构的合同作特别规定

影响金融理财合同权利义务配置的要素包括风险负担、管理结构、合同性质和效率机制。金融理财合同从金融学的角度来看就是一种风险管理工具，而不同风险负担的金融理财合同类型对于金融理财合同的权利义务配置会产生重大影响。可以说，金融理财合同当事人的核心权利义务关系是随金融理财合同风险负担类型的不同和风险管理的不同要求而发生变化的。在金融理财市场中，保证收益的风险转移型理财合同和保证本金安全的风险共担型理财合同相对而言风险较低，监管程度较宽松。而风险自担型理财合同的委托—代理问题最为严重，对于合同监管的需求更强烈。理财产品的管理结构会影响到金融理财业务涉及当事人的数量、理财业务和投资产品的管理模式，进而决定法律关系的架构，当然更会影响当事人在合同中的权利义务配置。在管理结构上，二元管理结构对于保护投资者在理财业务中的理财资产安全和合法权益有着重大的作用，是比较完善的管理结构。因此，在金融理财管理规定中，应当以风险自担型二元管理结构的理财合同为模型架构金融理财合同的基本框架，对其他类型和管理结构的合同作特别规定。

2. 根据金融理财合同的风险类型、管理结构以及是集合理财还是专项理财来区分不同金融理财合同中的信息披露义务，而不是根据金融机构所属行业的不同来区分

理财机构应当按照诚实、真实、完整、准确、及时的原则来披露理财业务的相关信息。设计合理的契约，制定合理的激励—约束机制，无论是“逆向选择”，还是“道德风险”，最后的控制都还是落实到委托人和受托人之间的合约签订上。如果契约能够有效地保证代理人提供真实信息，并且采取积极的正面的行动来达到委托人的目的，也就是说有最优的激励—约束机制，那么，金融理财的风险就会减到最小，收益会达到最大。设计合理的契约能够保证委托人利益的实现，减少由于信息不对称所带来的风险。但是，不同风险类型的金融理财合同，投资者对信息的需求是不同的，不同管理结构下的披露主体也会不同，而集合理财和专项理财对于披露方式的要求及信息接

受者也有所区别。

然而，目前除了证券投资基金根据《证券投资基金法》和《证券投资基金信息披露管理办法》等法律法规建立相对完善的信息披露制度外，针对其他各种理财产品的信息披露制度均未能有效建立，当然这也是金融分业监管和混业发展两者矛盾的结果。目前，我国针对各种理财产品在信息披露法律责任方面的规定非常欠缺，投资者几乎很难追究理财机构的信息披露责任。如《人身保险新型产品信息披露管理暂行办法》第二十八条规定："保险公司违反本办法，中国保监会及其派出机构将按下列方式给予处罚或采取强制措施：（一）责令改正；（二）取消有关责任人任职资格；（三）责令停止销售该新型产品；（四）取消经营此类业务的资格；（五）责令将原有业务转让给其他保险公司。"但这是监管机构的权力，现实中很难得到执行，因为其不行使权力，投资者很难以"不作为"为由起诉监管者。而关于投资者在理财中的利益受侵害时的法律救济方法，各个法律法规中根本没有规定，投资者只能借助于《合同法》、《中华人民共和国消费者权益保护法》等法律法规维护自身权益。

因此，建议在统一的金融理财法规中不区分金融机构类别，对于信息披露的一般要求作统一规定。如要求理财机构向投资者进行明确的风险提示，提示内容包括：理财投资的资产种类、特征、收益率以及理财收费率；理财机构的资质、管理能力和业绩等情况；理财资金的管理报告和资金托管报告；委托人应承担的各项费用，包括管理费、托管费等的计提标准、计提方法、支付方式等。如规定当客户主动要求了解或购买有关产品时，受托方应向客户当面说明有关产品的投资风险和风险管理的基本知识，并以书面形式确认是客户主动要求了解和购买产品的，受托方在向客户说明有关投资风险时，应使用通俗易懂的语言，配以必要的示例，并说明最不利的投资情形和投资结果。另外，对集合理财与专项理财的披露方式作出区分，要求前者采取公开披露模式，后者采取客户报告模式。

3. 对金融理财合同进行法律管制要注重投资者利益保护的价值取向

近年来，越来越多的理论与实证研究显示，一个国家法律的投资者保护水平与金融市场以及经济发展有着密切的关系。投资者利益保护对金融理财市场的发展起着重要的作用。我国的金融理财市场是一个新兴的市场，一方面，对投资者的法律保护水平总体仍然较低；另一方面，对投资者的法律保护也是一个不断进步和改善的过程。La Porta 等在一系列相关的实证研究中发现：（1）在投资者保护较强的国家，如英美等普通法系的国家，金融市场相对更发达，公司也更多地依赖外部市场进行融资；[①]（2）当外部投资者受到较好的法律保护时（立法和执行两个角度），他们愿意为公司发行的证券支付更高的价格，这反过来使得公司发行更多的证券；较好的投资者保护导致较高的红利支付。[②] 尽管基于金融资产信用融资的金融理财产品不同于传统的公司商业信用融资，但在通过构建有效的投资者保护机制，克服融资"内部人"剥夺投资者，解决信息不对称这个问题上，二者并无原理上的实质区别。

就金融理财业务而言，投资者的利益保护依赖于法律与金融理财合同之间对保护投资者权限的分配。只有将必要的制度在立法者、监管者、金融中介及其他市场主体之间进行有效的配置，才能形成强有力的投资者保护网，促进金融理财业务的发展。这对肩负投资者保护职责的制度提出了专门要求。首先，有效地确定金融资产信用，保障金融理财产品的投资资产在未来具有较强的流动性，并通过特定安排隔离资产风险，使其在任何情况下都首先并主要服务于投资者理财产品权益的偿付。其次，有效地界定金融理财合同参与各方的分工与职责，明确各个环节的风险承担和责任划分，预防同一机构充当不同角色（如管理人和托管人）产生冲突，或者具有从属关系/属于同一控制者的多个机构担当不同角色产生冲突。这主要通过各金融中介的市场准入、业务操作规范和责任制度来规范实现。再次，有效地收集、传递和公开金融理财产品的金融资产信息等关系产品投资价值的信息，明确相关各方在其中的角色与义务，防止出现信息真空和责任缺失。这主要通过建立适用于金融资产信用融资的信息披露制度和责任方的信息披露义务来实现。最后，有效地确立投资者对金融资产的合法权益，提供规范的产品交易场所和便捷的交易机制，建立便利人数众多而又相对分散的投资者行使权利的机制，区分权利的优先劣后而又避免强权侵害或利益冲突。这主要通过投资者权限的法定化、推广建立持有人大会与议事机制及适当的集团诉讼等制度来实现。

---

① La Porta, R., F. Lopez - De - Silanes, A. Shleifer, and R. W. Vishny, "Law and Finance", Journal of Political Economy 106: 1113 - 1155, 1998.

② La Porta, R., F. Lopez - De - Silanes, A. Shleifer, and R. W. Vishny, "Agency Problems and Dividend Policies Around the World", Journal of Finance 55: 1 - 34, 2000.

4. 在金融理财合同的效力认定上统一对待不同金融机构开展的相同类型理财业务，区别对待金融监管中的效力性强制规范和管理性强制规范对合同效力的影响

在金融理财中体现出的法规适用混乱和部门监管矛盾是金融创新与金融监管这对经典矛盾的一个现代版缩影。而由于“金融监管无论体现为制度还是付诸行动，它通常可以视做一个法律问题——制定或实施中的法律”。[①] 在金融理财这种金融创新中，我们能更直观地认识到金融创新对传统私法理论和体系的某种触动，这也促使我们更深入地思考强制性规范在私法中的定位和作用。

从金融理财的角度看，这种金融创新将诸多风险不同的行为方式组合再包装，相对于按照市场行为主体和主体的市场行为方式建立起来的传统的金融监管体系而言，这种组合后的市场行为显得更加复杂，使金融监管机构难以按照既有的制度体系的相关规定，对这种金融创新方式中参与主体按其行为特征进行对应的监管。同时，金融创新也会导致金融监管主体的重叠与缺位并存。现行监管部门在分业监管过程中，大都采取机构性监管，实行业务审批制。这样不同监管机构基于不同的认识，对不同金融机构开展的相同类型理财业务会提出程度不同的强制性监管要求，体现最为明显的就是保底条款的容许性和信息披露的具体要求，这又影响到这类合同的效力认定。本书认为，从现行法规来看，保底条款的有效性固然要依照不同金融机构在法规上的合法性来判断；但是从金融发展的角度来看，应当在金融理财法规中统一认可具有保底条款的风险转移型理财合同，而不是根据金融机构的归属不同区别对待。

从社会效果看，承认符合一定规范的保底条款，有利于推动金融理财这种融资投资方式的发展，有利于金融市场的发育，有利于维护社会的稳定。金融理财业务的开展，客观上推动了受托人进行投资组合，分散风险，促进金融创新、金融市场的扩容。目前我国社会闲散资金较多，且集中流向银行，导致银行资金压力大。通过金融理财，可以提高储蓄向投资转换的能力，减少银行压力，拓宽居民的投资渠道，增加广大居民的收入。在金融理财中，金融机构可以收取稳定的管理费和佣金，增加自身的利润。所以，金融理财的发展，是当前我国金融市场发展的客观需要和必然结果。但是，在

① 陆泽峰：《金融创新与法律变革》，271页，北京，法律出版社，2000。

这样一个巨大的金融市场中，投资者的风险偏好具有很大的差异性，相当多的投资者偏好于风险较低的具有保底条款的理财产品。所以，为促进金融市场和经济的发展，从法律上对保底条款予以保护是必然的。若完全否定保底条款的效力，除了会对社会信用体系造成消极影响，也将导致信托业和券商委托理财业务的萎缩，严重影响资本市场的成熟。

当然，如果无条件承认保底条款，就会导致金融机构推出理财产品时片面追求高利率，而忽视风险收益的配置，最终管理人无法执行高额的回报率，引发金融风险。因此，保底条款的管制应以银行同期存款利率为基准，承认保底条款的效力。

6.2 金融理财合同基本条款的框架（以集合理财为视角）

1. 合同性质及定义

即表明理财合同的具体类型，并加以说明。

2. 合同当事人及从业资格

合同当事人的基本情况及与本合同相关的从业资格认定。

托管人的选任方式。

3. 风险评估与揭示

（1）风险提示条款。本类型理财合同下面临的风险类别、风险负担及说明。

（2）客户的风险能力评估。该款记录缔约时客户风险承受能力的评估过程与结果，客户的投资风险偏好，及对本合同风险的认知度。

4. 理财资金（资产）的法律地位

该类型理财合同项下理财资金的法律地位，与客户、理财管理人、理财托管人资产的关系，相关隔离措施等。

5. 理财管理人的权利与义务

（1）理财计划管理权。理财计划管理权主要包括理财资金使用权、投资决策权和投资资产的管理权。在不同类型的理财合同中，管理人的理财计划管理权会有所不同。在某些理财合同中，投资资产的管理权属于客户。

（2）理财服务收益权。在金融理财合同中，金融机构的理财服务收益来源主要有两类：管理费和投资收益分成。各类金融理财合同中管理费的收取和是否分成、分成比例的确定都是可以根据合同类别商定的。

（3）管理人的义务。资产隔离义务、保密义务和自我交易的禁止；基于谨慎投资者规则设计的勤勉义务；定期和临时披露信息的义务；支付理财收益及返还理财资产的义务。

6. 理财托管人的权利与义务

（1）理财资产的保管。理财资产的范围、保管方式、保管期间。

（2）资金清算。托管期间的资金清算规则。

（3）理财资产的监督。对理财计划的投资范围、理财资产的投资组合比例、理财资产核算、理财产品价格的计算方法、管理人报酬的计提和支付、收益分配等行为的合法性及合规性进行监督和核查。

（4）托管费的收取及计算方式。托管费通常按照理财资产净值的一定比例提取，逐日计算并累计，至每月末时支付给托管人，此费用一般从理财资产中支付，不需另向投资者收取。

7. 客户的权利与义务

（1）受益权。受益权包括收益收取的时间、方式。收益的计算方法，以及是否保证收益或保证本金安全。

（2）知情权与重大事项决定权。客户获取相关信息的途径，重大事项决定权的范围和参与方式。

（3）取回权。

（4）到期参与分配权。

（5）交付委托资产（资金）的义务。

8. 合同的变更与解除

一是理财管理人对理财计划期限变更以及终止的权利。多数金融理财合同规定，作为理财管理人的金融机构有权变更或终止理财计划。并非所有的金融理财合同都给予理财管理人理财合同的变更权。二是客户的提前赎回权利的安排。

合同到期的处理。

9. 违约责任

10. 纠纷解决条款

纠纷解决机制的选择。

参考文献

一、中文著作与论文（含翻译著作与论文）

［1］张忠军:《金融监管法论》，北京，法律出版社，1988。

［2］单宝:《中国管理思想史》，上海，立信会计出版社，1997。

［3］中国社会科学院语言研究所词典编辑室:《现代汉语词典》，（2002 年增补本），北京，商务印书馆，2003。

［4］梁慧星:《民法总论》，北京，法律出版社，2001。

［5］王泽鉴:《民法总则》，北京，中国政法大学出版社，2001。

［6］王清、郭策:《中华人民共和国信托法条文诠释》，北京，中国法制出版社，2001。

［7］方嘉麟:《信托法之理论与实务》，北京，中国政法大学出版社，2004。

［8］徐国香:《信托法研究》，台湾，五南图书出版有限公司，1988。

［9］夏斌、陈道富:《中国私募基金报告》，上海，上海远东出版社，2002。

［10］［英］施米托夫著，赵秀文译:《国际贸易法文选》，北京，中国大百科全书出版社，1993。

［11］Clifford E. Kirsch 著，刘怡、陶恒译:《金融服务业革命》，成都，西南财经大学出版社，2004。

［12］张旭娟:《中国证券私募发行法律制度研究》（第 1 版），北京，法律出版社，2006。

［13］曾筱清:《金融全球化与金融监管立法研究》，北京，北京大学出版社，2005。

［14］陆泽峰:《金融创新与法律变革》，北京，法律出版社，2000。

［15］齐斌:《证券市场信息披露法律监管》，北京，法律出版社，2000。

［16］李永祥:《委托理财纠纷案件审判要旨》，北京，人民法院出版社，2005。

［17］［美］道格拉斯 · R. 爱默瑞:《公司财务管理》（上），北京，中国人民大学出版社，2000。

［18］张光华:《中国金融体系》（第 1 版），北京，中国金融出版社，1997。

[19] 中国金融教育发展基金会金融理财标准委员会：《金融理财原理》，北京，中信出版社，2007。

[20] 郭雳：《中国银行业创新与发展的法律思考》，北京，北京大学出版社，2006。

[21] 吴庆保、赵培元、孟祥刚：《委托类合同裁判原理与实务》，北京，人民法院出版社，2008。

[22] 钟瑞栋、陈向聪：《信托法》，厦门，厦门大学出版社，2004。

[23] 赵志宏：《银行全面风险管理体系》，北京，中国金融出版社，2005。

[24] 王耀明：《银行法律实务报告》，北京，法律出版社，2005。

[25] 王苏生：《证券投资基金管理人的责任》，北京，北京大学出版社，2001。

[26] 潘金生：《证券投资理论与实务》，北京，经济科学出版社，2004。

[27] 赖源河、王志诚：《现代信托法论》，北京，中国政法大学出版社，2002。

[28] “分类小六法——民法”（第8版），台湾，元照出版有限公司，2005。

[29] 罗结珍译：《法国民法典》，北京，中国法制出版社，1999。

[30] 胡浩：《银证合作》，北京，中国金融出版社，2006。

[31] 覃有土、樊启荣：《保险法学》（第1版），北京，高等教育出版社，2003。

[32] 耶林著，徐砥平译：《拿破仑法典以来私法的普遍变迁》，北京，中国政法大学出版社，2003。

[33] [德] 卡尔·拉伦茨著，王晓华等译：《德国民法通论》（下册），北京，法律出版社，2003。

[34] [美] 科斯、哈特、斯蒂格利茨等著，李风圣译：《契约经济学》，北京，经济科学出版社，1999。

[35] [德] 迪特尔·梅迪库斯著，邵建东译：《德国民法总论》（第2版），北京，法律出版社，2001。

[36] 武钦殿：《合同效力的研究与确认》，长春，吉林人民出版社，2001。

[37] 陈自强：《民法讲义Ⅰ·契约之成立与生效》，北京，法律出版社，2002。

[38] 王利明：《合同法新问题研究》（第1版），北京，中国政法大学出版社，2003。

[39] [德] 海因·克茨著，周忠海等译：《欧洲合同法》（上卷），北京，法律出版社，2001。

[40] 张新宝：《侵权责任构成要件研究》，北京，法律出版社，2007。

[41] 李永军：《合同法》，北京，法律出版社，2005。

[42] 姜明安：《行政法和行政诉讼法》，北京，北京大学出版社、高等教育出版社，1999。

[43] 易军、宁红丽：《合同法分则制度研究》，北京，人民法院出版社，2003。

[44] 黄茂荣：《买卖法》，北京，中国政法大学出版社，2002。

[45] 史尚宽：《民法总论》，北京，中国政法大学出版社，2000。

[46] 崔建远：《合同法》（第三版），北京，法律出版社，2003。

[47] 龙卫球：《民法总论》，北京，中国法制出版社，2002。

[48] 王利明：《民法总则研究》，北京，中国人民大学出版社，2004。

[49] 杨桢：《英美契约法论》（第三版），北京，北京大学出版社，2003。

[50] 张新宝：《侵权责任法原理》，北京，中国人民大学出版社，2005。

[51] 张明楷：《刑法学》，北京，法律出版社，2003。

[52] [英] 阿蒂亚著，程正康等译：《合同法概论》，北京，法律出版社，1982。

[53] 史尚宽：《债法总论》，北京，中国政法大学出版社，2001。

[54] 周枏：《罗马法提要》，北京，法律出版社，1988。

[55] 王利明：《合同法研究》（第一卷），北京，中国人民大学出版社，2002。

[56] 施天涛：《商法学》，北京，法律出版社，2003。

[57] 黄越钦：《论附合契约》，载郑玉波主编：《民法债编论文选辑》（上），291页，台湾，五南图书出版公司，1984。

[58] 邱聪智：《庞德民事责任理论之评介》，载《台大法学论丛》，第11卷第2期，1990。

[59] 梁慧星：《从过错责任到严格责任》，载《民商法论丛》第8卷，北京，法律出版社，1997。

[60] 郭宏伟、纪敏：《对金融机构委托理财业务的几点认识》，载《银行业监管》，2004（1）。

[61] 陶玲、朱迎：《金融产品的法律关系分析及监管建议》，载《中国金融》，2005（8）。

[62] 上海市高级人民法院民二庭:《上海法院审理委托理财诉讼案件的情况分析》,载《人民司法》,2003(12)。

[63] 倪受彬、施幽静:《客户资产管理合同论》,载《美中法律评论》,2005(3)。

[64] 李毳:《我国金融机构委托理财业务的现状、问题与对策》,载《中国经贸导刊》,2006(14)。

[65] 李宪普:《我国信托实践中的若干重大问题法律的思考》,载《公司》,2004(12)。

[66] 张凤翔:《委托投资(理财)协议中"保底条款"的法律分析》,载《中国民商审判》,2002(2)。

[67] 余博:《委托理财法规出台遭遇"第二十一条军规"》,载《新财经》,2004(2)。

[68] 张韶华:《我国多元化的集合理财模式:法律风险与监管原则》,载《西安金融》,2006(9)。

[69] 张剑秋:《论联营合同中的保底条款问题》,载《求是学刊》,1997(2)。

[70] 郭雳:《金融机构保底理财的合法性迷局与困境》,载《北京大学学报》(哲学社会科学版),2006。

[71] 曹戈:《金融理财渐入"混业时代"》,载《卓越理财》,2006(2)。

[72] 施毓雄:《美国与证券业务分离制度及防火墙的基本概念》,载《台北市银月刊》,第23卷,第6期。

[73] 李鹏程:《全能银行的潜在利益冲突及其法律规制》,载《证券市场导报》,2001(6)。

[74] 国务院发展研究中心:《2007年中国金融理财市场发展报告》。

[75] 张瑞强:《委托理财合同风险责任条款性质探析》,载《法律适用》,2004(9)。

[76] 过燕华:《委托理财的若干法律问题的思考》,载《江西金融职工大学学报》,2007(3)。

[77] [德] 卡尔·拉伦茨、曼弗瑞德·沃尔夫著,孙宪忠译:《德国民法中的形成权》,载《环球法律评论》,2006(4)。

[78] [德] Hans Dolle:《法学上之发现》,王泽鉴译,《民法总则论文选萃》,北京,中国法制出版社,2004。

[79] 张敏：《理财产品赎回需慎重　投资者应仔细阅读条款》，载《新京报》，2006－01－06。

[80] 张新宝、郭莉蓉：《窃用他人账号、密码等进行证券交易致人损失的法律责任探讨》，载《人民法院报》，2002－05－24。

[81] 张新宝、张小义：《股票窃用交易的侵权责任》，载《法商研究》，2004（2）。

[82] 权衡：《保险受益权刍议》，载《江南大学学报》，2004（3）。

[83] 王泽鉴：《附条件买卖买受人之期待权》，载《民法学说与判例》（第一册），北京，中国政法大学出版社，2005。

[84] [日] 山本敬三：《消费者契约法的意义与民法课题》，载《民商杂志》、2001 年《消费者契约法与二十一世纪法》特集，第 123 卷，第 4、5 号合刊。

[85] 费安玲：《论合同法中的附随义务》，载《中国司法》，1999（10）。

[86] [日] 安永正昭著，张严芳译：《日本消费者合同的法律解释》，载梁慧星：《民商法论丛》（第 21 卷），北京，法律出版社，2001。

[87] 卡塔琳娜·皮斯托、许成钢：《不完备法律——一种概念性分析框架及其在金融市场监管发展中的应用》，载吴敬琏主编：《比较》，北京，中信出版社，2002。

[88] 解亘：《论违反强制性规定契约之效力——来自日本法的启示》，载《中外法学》，2003（2）。

[89] 王轶：《民法典的规范配置》，载《烟台大学学报》（哲学社会科学版），2005（7）。

[90] 张炳生：《合同错误的比较法研究》，载《中国法学》，2005（5）。

[91] 高民尚：《关于审理证券、期货、国债市场中委托理财案件的若干法律问题（中）》，载《人民法院报》，2006－06－05。

[92] 史新和：《委托理财合同纠纷案件纠纷审理中的若干问题研究》，载《民商事判解研究》第八集，北京，法律出版社，2005。

[93] 于永峰：《委托理财法律问题探究》，华东政法学院学位论文，2006。

[94] 和平：《中国理财市场呼唤统一监管机制》，载《北京商报》，2007－03－12。

[95] 邢成：《分业监管格局下中国理财市场探析》，载《上海证券报》，2006－01－11。

［96］夏斌在2005年11月3日首届中国金融论坛——“金融生态：中国金融发展面临的考验”上的演讲，载《金融时报》，2006－03－07。

［97］舒眉：《“超级金融监管机构”浮出水面》，载《南方周末》，2006－09－14。

［98］吴晓灵：《抬高投资私募基金门槛 建金融安全体系》，http：//www.zgjrw.com/News/2005826/News/338559570310.html。

［99］《银行理财产品也藏陷阱工行“稳得利”被指误导》，http://finance.eastday.com/eastday/financel/m/20070210/ula2621601.html。

二、外文著作与论文

［1］Edward C. Halbach，Jr.，Trusts，Harcourt Brace Jovanovich Legal and Professional Publications，Inc.，1990.

［2］George T. Bogert，Trusts，West Publishing Co.，6th ed.，1987.

［3］H. G. Reuschlein and W. A. Gregory，“The Law of Agency and Partnership”，West Publishing Co.，1990.

［4］FINN，“Fiduciary Obligations”，Sydney：Law Book Co.，1977.

［5］Meinhard v. Salmon，249 N. Y. 458，464，164 N. E. 545，546，1928.

［6］Seager v. Copydex［1967］1 W. L. R. 923 at 931，http://www.westlaw.com.

［7］E. P. Ellinger & E. Lommicka & B. L. A. Hooley，“Modern Banking Law”，137 Oxford University Press，3d. ed.，1987.

［8］Peteson v. Idaho，“First National Bank”，367 P. 2d 284（Idaho 1961）.

［9］H. Markowitz，“Portfolio Selection”，Journal of Finance，1952.

［10］Boatright J. R.，“Conflicts of Interest：An Agency Analysis，In Ethics and Agency Theory”，Oxford University Press，1992.

［11］Jensen，Michael C.，and William H. Meckling，“Theory of the Firm：Managerial Behavior，Agency Costs and Ownership Structure”，Journal of Financial Economics，Vol. 3，1976.

［12］Hart，Oliver and John Moore，“Incomplete Contracts and Renegotiation”，Econometrica 56，1988.

［13］Maskin，E. and J. Tirole，“Unforeseen Contingencies and Incomplete Contracts”，Review of Economic Studies 66，1999.

［14］Schwartz，A.，“The Default Rule Paradigm and Limits of Contract Law”，Southern California Interdisciplinary Law Journal 3，1994.

［15］Schwartz，A.，“Relational Contracts in the Courts：An Analysis of Incomplete Contracts and Judicial Strategies", Journal of Legal Studies 21, 1992.

[16] Anderlini, L., L. Felli and A. Postlewaite, "Should Courts Always Enforce What Contracting Parties Write?", Working Paper, 2003.

[17] Akerlof. G. A., "The Markets for Lemons: Quality Uncertainty and the Market Mechanism", 84 Quarterly Journal of Economics pp. 488 – 500, 1970.

[18] Lakonishok, J., A. shleifer, R. Thaler, and R. Vishny, "Window Dressing By Pension Fund Managers", American Economic Review 56, 1991.

[19] Nieolaj Siggelkow, "Expense Shifting, An Empirical Study of Agency Cost of The Mutual Fund Industry", Management Department Working Papers, Wharton School, University of Pennsylvania.

[20] Scharfstein D., and S. Stein, "Herd Behavior and Investment", American Economies Review, 1990.

[21] Associated Japanese Bank (International) Ltd. v. Credit du Nord S. A. [1988] 3All ER902.

后 记

本书是在我的博士论文的基础上整理修改而成的。随着我国经济的飞速发展和金融体系的日趋完善，金融理财俨然成为一个热门词汇。但是金融理财制度的理论研究却远远落后于实务的需要，甚至对于某些急需解决的实际问题，理论研究仍一片空白。由于工作关系和兴趣驱使，我将研究视角投向了金融理财合同这样一个实务中普遍存在而前人又鲜有研究的领域。面临复杂的选题和有限的资料等诸多问题，尽管我几乎投入了所有的业余时间，但完成后的文章仍无法达到理想的状态，留下了诸多遗憾。然而，毕竟自己在学术之路上迈出了坚实的一步，对于全新的问题，能够利用适当的学术研究方法，提出自己独立的学术见解，遗憾之余仍值得欣慰。

首先要感谢我的导师张新宝教授，相处愈久，愈能感受到恩师的人格魅力和深厚的学术功力，他的一句点播就让我定下了一个如此适合自己的题目，而且在写作过程中他给予我莫大的帮助，在生活中与他的交往则更像是老朋友，逐渐少了师生间的距离，多了几许默契和自在。

特别要感谢国家行政学院的魏礼群院长，魏院长身居高位，工作繁忙，仍抽出宝贵时间拨冗阅读拙文，并提出精当的修改意见，感激之情，无以言状。

同样要感谢中国人民大学王利明教授、杨立新教授、姚辉教授、叶林教授、王轶教授、黎建飞教授，清华大学崔建远教授，北京大学钱明星教授，中国社会科学院法学所张广兴教授，以及中国化工大学龚赛红教授在本书写作过程中的悉心指导。

感谢武文元、冯鹤年、邓映翎、刘李胜、夏锋、杨永本、张玉玺、贾忠磊、吴楠楠、宋夏、尹舒、孟浩、侯定海、高华、张伟、潘志坚、张华东、步国旬、范慧娟等我的新老领导和同事们，他们的工作态度和专业素养令我感动和钦佩，和他们一起共事的经历让我受益良多。

感谢王文义、王冲、李全、李福、魏天鹏、苏虎超、祁春波、庄军、李午子、徐永前、居上、常辉、辛治运、张书恒等新老朋友对我一如既往的帮助和支持。

感谢王伟国、高艳竹、明俊、陈飞、张小义、郭明龙、宋志红、晏景、何波、黄小雨、解娜娜、张淑俊、唐青林、余洪法、李小兵、刘宇、张群、刘彤、杨森、商镇、刘中流、田宇、赵利均等诸多师兄师姐、师弟师妹及同窗好友们，感谢他们在不同人生阶段对我的关心和帮助，人生的路还很长，有他们同行，我将永不孤独，真心祝福他们！

感谢中国金融出版社戴早红编辑为本书提出的许多宝贵的修改意见，使得本书经过修改，得以呈现在读者面前。

感谢我平凡而伟大的父亲和母亲，他们赋予了我生命，给予了我人世间最最无私的爱，他们的爱将永远是我前进的动力。

感谢的话或许无法表达我的感情，在今后的日子里，我愿朝乾夕惕，以勤补拙，唯为此，方能报答诸位良师益友和家人，再次感谢他们。

尚文彦

2009 年 1 月